일묵 스님이 들려주는

초 기 불 교
윤 회 이 야 기

일묵 스님이 들려주는

초 기 불 교

당신의 다음 삶을 바꾸는 불교 강의

윤회 이야기

불광출판사

제따와나 선원을 개원하고 많은 사람을 만나면서 새삼 알게 된 사실이 한 가지 있습니다. 그것은 윤회를 믿지 않는 불자가 의외로 많다는 것입니다. 심지어 윤회는 부처님의 가르침이 아니라고까지 말하는 불교학자나 스님들도 있었습니다.

하지만 불교의 가장 중요하고 핵심적인 가르침인 연기와 사성제에 따르면 윤회하는 것은 괴로움이고, 윤회하지 않는 것이 괴로움의 소멸이라고 천명하고 있습니다. 더 나아가 윤회로 인해 생기는 괴로움의 원인은 탐욕, 성냄, 어리석음을 뿌리로 하는 해로운 마음이고, 괴로움을 소멸하려면 탐욕 없음, 성냄 없음, 어리석음 없음을 뿌리로 하는 유익한 마음을 계발해야 한다고 설하셨습니다.

이처럼 불교의 핵심적인 가르침은 윤회를 기반으로 설해져 있습니다. 따라서 윤회를 부정하는 것은 불교를 부정하는 것이고, 그릇된 견해에 빠진 것입니다. 반면에 윤회를 이해하는 것은 불교를 바르게 아는 것이고, 바른 견해를 갖춘 것입니다. 바른 견해를 갖추어야 유익한 마음은 현생에서 행복하게 할 뿐만 아니라 내생에도 행복이 많은 세상에 태어나게 하고, 해로운 마음은 현생에서 괴롭게 할 뿐만 아니라 내생에도 괴로움이 많은 세상에 태어나게 할 것을 분명히 이해할 수 있습니다. 이런 바른 이해가 있어야 해로운 마음은 버리고 유익한 마음은 계발함으로써 괴로움을 소멸하고 진정한 행복인 열반을 실현할 수 있습니다.

그래서 윤회에 대하여 분명하게 설한 가르침인 연기에 관한 체계적인 공부가 필요하다고 생각하게 되었습니다. 연기의 가르침을 분명히 알면 윤회를 바르게 이해할 수 있고, 윤회를 바르게 이해해야 괴로움을 소멸하고 진정한 행복을 실현할 수 있기 때문입니다. 이를 위해 마련한 법회가 〈윤회와 행복한 죽음〉이었으며, 그 법회의 인연으로 『윤회와 행복한 죽음』이라는 책을 냈습니다. 그리고 이번에 그것을 기반으로 뺄 것은 빼고 보충할 것은 보충하여 불광출판사를 통해 『초기불교 윤회 이야기』를 내게 되었습니다.

이 책은 모두 다섯 장으로 구성되어 있습니다.

1장은 우리가 윤회하는 세상인 삼계, 즉 욕계·색계·무색계에 대해 풀었습니다. 욕계에는 열한 가지 세상이 있고, 색계에는 열여섯 가지, 무색계에는 네 가지 세상이 있어 윤회할 때 자기가 지은 업에 따라 이 서른한 가지 세상 중 한 곳에 태어납니다. 이 서른한 가지 세상의 다양한 모습을 알게 되면, 우리는 다음 생에 악처가 아닌 선처에 태어날 수 있도록 항상 경각심을 가질 것입니다.

2장은 업과 윤회에 대해 다뤘습니다. 업에 의해 윤회가 일어난다는 것은 알지만 업의 개념을 명확하게 이해하는 사람은 그리 많지 않습니다. 업의 역할, 과보를 생산하는 장소, 업이 결과를 맺는 순서와 시기 등에 관한 폭넓고 정확한 이해를 통해 업에 대한 잘못된 견해를 버릴 수 있습니다.

3장에서는 죽음 직전의 인식과정에 나타난 업에 의해 내생에 재생연결식이 어떻게 일어나는지에 대해 설명했습니다. 우리가 일생에 지은 업 중 가장 뚜렷한 업이 죽음 직전의 인식과정에서 업이나 업의 표상, 태어날 곳의 표상 중 한 가지 형태로 나타납니다. 그 업에 의해 내생에 태어날 세상이 결정되고, 그곳에서 최초로 재생연결식이 일어납니다. 이 과정을 잘 이해하면 깨끗한 마음으로 죽음을 맞이하는 것이 얼마나 중요한지를 알 수 있습니다.

4장은 불교의 핵심 가르침인 연기에 대해 풀어썼습니다. 3장의 윤회의 원리를 십이연기의 가르침을 통해 체계적으로 정리한 부분입니다. 연기를 이해하면 그릇된 견해를 버리고 바른 견해를 갖추어 궁극적으로 깨달음을 실현할 수 있을 것입니다.

5장에서는 무아인데 윤회하는 이유가 존재는 연기, 즉 조건을 의지해서 태어나기 때문이라는 것에 관해 이야기했습니다. 연기를 통해 존재의 발생과 윤회의 원인을 이해하면 존재들은 서로 의지하고 있다는 것을 알 수 있으므로 자비심으로 세상을 바라볼 수 있습니다.

들어가며

이 책이 완성되기까지 많은 분의 도움이 있었습니다. 먼저 제가 여러 나라의 수행 센터를 다니면서 수행할 때 친견했거나 책이나 가르침을 통해 배웠던 세상의 모든 스승에게 감사드립니다. 그분들의 고귀한 가르침을 통해 제가 법에 관해 조금이나마 눈을 뜰 수 있었습니다. 제가 스님이 될 수 있도록 도와주신 원택 스님께도 감사드립니다. 빨리어 경전을 번역해 주셔서 훌륭한 자료를 제공해 주신 각묵 스님, 대림 스님, 그리고 여러 스님들과 재가자 여러분께 감사를 드립니다. 이 책에 인용된 많은 자료는 그분들의 번역에 기초하고 있습니다.

이 책의 출판을 위해 여러모로 애써 주신 출판사에 감사드리며, 보이지 않는 곳에서 도와주신 분들께도 감사를 드립니다. 마지막으로 저의 출가를 이해하고 믿어 주신 부모님과 가족들께 고마움을 전합니다.

이 책은 선원에서 열린 법회의 내용을 바탕으로 만들어졌습니다. 말로 사람들에게 전한 내용을 정리한 것이기에 부족한 점이 많으리라 생각합니다. 혹시나 책 내용에 오류가 있다면 그것은 모두 저의 부족함 때문입니다. 여러분의 질책과 조언을 바랍니다.

사람들이 연기에 대한 가르침을 바르게 이해하여 윤회의 고통에서 벗어나 열반을 실현하는 데 이 책이 조금이나마 도움이 되기를 바랍니다.

모든 존재가 모든 고통에서 벗어나기를!!
모든 존재가 항상 건강하고 행복하기를!!

불기 2563년 1월
일묵 삼가 씀

차례

일러두기

___ 이 책에서 주로 거론되는 수행법 세 가지의 표기는 아래와 같이 우리말로
통일하였습니다. 단 필요에 의한 경우 빨리어 음으로 표기하였습니다.

사마타samatha 수행 → 선정 수행

위빠사나vipassanā 수행 → 지혜 수행

아나빠나사띠ānāpāna-sati 수행 → 들숨날숨기억 수행

1장. 삼계, 우리가 윤회하는 세상

우리가 업을 지으면 그 업의 종류에 따라 다음 생에 태어나는 세상이 달라집니다. 악업을 지으면 악처惡處에 태어나고, 선업을 지으면 선처善處에 태어납니다. 악처와 선처를 다시 세분하면 서른한 가지 세상으로 나눌 수 있습니다. 이 서른한 가지 세상을 모두 합쳐 삼계三界라고 합니다.

우리가 삼계에 대해 알게 되면 '저곳은 갈 만한 곳이다.', '저곳은 절대 가지 말아야 할 곳이다.'라는 생각을 하게 됩니다. 그리고 윤회의 굴레에서 벗어나지 못하고 끝없이 돌고 도는 세상이 어떤 모습인지를 알게 되어, '인간 몸 받았을 때 열심히 수행해 악처에 가는 일을 없게 하고 빨리 윤회에서 벗어나야겠다.'라는 경각심이 일어납니다.

삼계를 윤회한다는 것은 물질세계처럼 눈에 보이는 것이 아니므로 증명하기 어려운 부분이 있습니다. 그래서인지 어떤 이는 삼계는 실재하는 세상이 아니라 우리 마음속에 있는 세상을 표현한 것이라고 말하기도 합니다.

하지만 초기경전이나 주석서에서는 삼계를 단순히 마음속에 있는 세계라고 말하지 않았습니다. 많은 경전, 특히 「천사경」이나 아비담마○1에는 윤회와 삼계에 대한 이야기가 자세히 나옵니다. 「초전법륜경」에서도 욕계 여섯 가지 천상의 이름을 하나하나 거론하면서 설명하고 있습니다. 삼계는 마음속에만 있는 것이 아니라 실재 세상으로 존재합니다. 머리로 이해하고 받아들여야 하는 부분도 있지만 믿음이 필요한 부분도 있는 것입니다.

삼계

세상은 크게 욕계欲界·색계色界·무색계無色界로 나눌 수 있습니다. 이것을 삼계라고 합니다.

　욕계는 감각적 대상인 색色·성聲·향香·미味·촉觸·법法에 대한 감각적 욕망이 주로 일어나는 곳입니다. 감각적 욕망과 같이 욕계에서 주로 일어나는 마음을 욕계마음이라 합니다. 지금 우리가 사는 이 세상이 욕계에 속하므로 욕계는 쉽게 이해할 수 있을 것입니다.

　색계와 무색계는 선정[samatha] 수행°2을 통해서 감각적 욕망을 극복하고 선정禪定°3을 얻어야만 태어날 수 있는 세계입니다. 색계 존재에게는 색계 선정의 마음이 주로 일어나고, 몸은 아주 미세한 물질로 이루어져 있습니다. 무색계 존재에게는 무색계 선정의 마음이 주로 일어나고, 물질로 된 몸이 없습니다. 살아서 선정 수행을 많이 해 죽기 직전 선정에 들어 죽음을 맞이하면 다음 생에 색계나 무색계에 태어납니다. 색계 선정에 들어서 죽었다면 색계 세상에 태어나고, 무색계 선정에 들어서 죽었다면 무색계 세상에 태어납니다.

　여기서 한 가지 주의할 것은 마음과 세상을 구분해야 한다는 것입니다. 예를 들어 욕계에 살면서도 선정을 닦아 익히면 색계 선정이나 무색계 선정의 마음이 일어납니다. 욕계 세상에서 색계나 무색계 마음이 일어난 것입니다. 이처럼 욕계에도 색계나 무색계 마음이 일어나지 않는 것은 아니지만, 욕계는 감각적 대상에 대한 욕망이 주로 일어나는 곳이기에 욕계라고 합니다. 마치 우리나라에 외국인도 살지만, 주로 한국인이 살기에 우리나라를 대한민국이라고 하는 것처럼 말입니다.

삼계를 자세히 나누면, 욕계는 다시 악처와 선처로 나눌 수 있습니다. 악처는 고통이 많은 곳이고, 선처는 즐거움이 많은 곳입니다.

욕계 악처에는 지옥·축생·아귀·아수라의 네 가지 세상이 있습니다. 욕계 선처에는 인간계와 욕계 천상계가 있고, 욕계 천상계는 다시 여섯 가지 세상으로 나뉩니다. 색계와 무색계에는 악처가 없습니다. 그곳들은 모두 즐거움만이 가득한 선처이고 천상계입니다. 색계에는 열여섯 가지 세상이 있고, 무색계에는 네 가지 세상이 있습니다. 이렇게 해서 삼계는 모두 서른한 가지 세상으로 나뉩니다. 우리가 죽어서 다시 태어날 때는 이 서른한 가지 세상 중에서 우리 맘대로 골라 갈 수 있는 것이 아니라 우리가 지은 업에 따라 태어나는 것입니다.

경전에는 삼계화택三界火宅이란 말이 있습니다. '삼계가 다 불타는 집과 같다'는 뜻입니다. 욕계·색계·무색계가 즐거움이나 고통이 많고 적은 차이는 있지만, 이 셋 모두 중생, 즉 윤회의 괴로움에서 벗어나지 못한 존재들이 사는 세상이라는 점에서는 같습니다. 우리가 아라한이 되기 전까지는 원하든 원하지 않든 이 삼계를 끊임없이 떠돌게 됩니다. 때로는 좋은 곳에 태어나 즐거움을 누리고, 때로는 나쁜 곳에 태어나 극심한 고통을 겪는 것이 계속 반복됩니다. 경전에 보면 중생이 윤회하면서 흘린 눈물과 피가 지구상에 있는 바닷물보다도 많다고 했습니다. 이 삼계를 벗어나는 것, 그것이 바로 우리가 수행을 하는 목적입니다.

욕계

육도윤회六道輪廻라고 할 때 육도란 지옥·축생·아귀·아수라·인간·천상의 여섯 가지 세상을 말합니다. 여기서 지옥·축생·아귀·아수라·인간은 욕계에 속하고, 천상은 욕계 천상과 색계·무색계 세상 전부를 말합니다. 욕계의 여섯 가지 세상 중 지옥·축생·아귀·아수라는 악처이고, 인간계와 천상계는 선처입니다. 지옥은 행복과 즐거움이라고는 전혀 없는 세상입니다. 축생은 서서 걷지 못하고 네 발로 걷거나 움직이는 존재들이 사는 세상이고, 아귀는 행복에서 먼 존재들이 사는 세상으로 배고픔, 목마름 등 지옥처럼 극심한 고통이 있는 세상입니다. 아수라는 광채가 없고 아귀와 비슷한 고통을 받는 존재들이 사는 세상입니다. 그런데 어떤 경우에는 아수라를 독립된 영역으로 보지 않고 아귀의 한 종류를 말하거나 욕계 천상계인 사천왕천四天王天의 타락한 신을 말하기도 합니다. 그래서 아수라 영역은 악처라고 분류하기에는 다소 애매하기도 합니다. 하지만 어쨌든 고통이 많은 곳이기에 악처로 분류하는 경우가 많습니다. 아수라를 아귀 중생에 포함하거나 천신의 영역에 포함된 존재들로 생각하는 경우에는 욕계를 여섯 가지가 아니라 지옥·축생·아귀·인간·천상계의 다섯 가지 세상으로 말합니다.

● 지옥

악처 중에서 제일 무서운 곳이 지옥입니다. 가장 고통스럽기 때문에 태어나서는 안 될 곳입니다. 지옥은 빨리어로 니라야niraya 라고 합니다. 니ni는 '없다'는 뜻이고, 아야aya는 '행복'·'즐거움'이란 뜻입니다. 니라야는 말 그대로 '행복이 없다'는 뜻입니다. 우리 인간 세상은 어떻습니까? 고통스러운 일도 많지만 즐거움도 있지 않습니까? 하지만 지옥에는 즐거움이 전혀 없고 고통만 있을 뿐입니다.

지옥 중생은 인간과 같은 태생胎生이 아니라 화생化生입니다. 화생은 태나 알 등에서 몸이 형성되는 과정을 거치지 않고 업의 힘으로 바로 태어나는 존재를 말합니다. 악업이 아주 강하면 바로 지옥에 태어납니다. 그런 경우 죽기 전에 이미 지옥 불길이 보이고, 죽자마자 불길이 활활 타는 곳에 떨어져 극심한 고통을 겪게 되기도 합니다.

간혹 큰 악업은 아니지만 사소한 악업으로 지옥에 떨어지는 경우가 있습니다. 이런 사람은 먼저 야마왕[vemānikapisāca] 앞으로 끌려갑니다. 야마왕은 사천왕천의 사천왕을 시봉하는 천신 중 하나로 '궁전을 가진 귀신'들의 왕입니다. 이들은 선업 때문에 천상계인 사천왕천에 태어나 낮에는 천상의 천인처럼 좋은 궁전에서 복락을 누리지만 밤에는 전생의 악업 때문에 고통을 받는 존재입니다. 그래서 야마왕을 아수라에 포함시키기도 합니다.

야마왕은 지옥에 온 사람들을 조사하고 심문합니다. 하지만 지옥에 떨어진 중생들의 허물을 찾아 죄를 묻는 검사 역할이 아니라 그들에게 지옥에서 벗어날 기회를 주기 위해 선업을 상기시키는 변호사 역할을 합니다. 야마왕 앞에 끌려가면 다음과 같은 질문을 받게 됩니다.

> "이 사람아, 갓난아이가 이부자리에서 똥오줌으로 분칠을 하고 누워 있는 것을 보지 못했는가?"
> "대왕이여, 보았습니다."
> "이 사람아, 그걸 보았으면 '나도 태어나야만 하고 태어남을 뛰어넘을 수 없다. 나는 몸과 말과 마음으로 공덕을 지어야겠다.'라는 생각이 들지 않던가?"
> "대왕이여, 저는 그러지 못했습니다. 저는 방일하고 부주의하게 세월을 보냈습니다."
> "이 사람아, 그대는 방일하게 세월을 보내며 몸과 말과 마음으로 공덕을 짓지 못했다. 그리고 악행은 그대 스스로 저지른 것이니 그 과보를 받아야 한다."
> ___『맛지마 니까야』, 「저승사자 경」

갓난아이 외에 늙은 사람, 병든 사람, 옥에 갇혀 고통 받는 죄인들, 죽은 사람의 네 가지 경우를 보고 왜 자신을 경책해 선업을 쌓지 않았는지에 대한 심문이 계속 이루어집니다. 이때 선업을 기억해 내면 즉시 지옥에서 벗어나 천상에 태어날 수도 있습니다. 하지만 다섯 가지 질문을 받고도 자기가 지은 공덕을 하나도 기억해 내지 못하면 마지막으로 "그대가 살면서 공덕을 지어 나에게 회향한 것이 있는가?"라는 질문을 받게 됩니다. 그것마저도 없으면 결국 지옥으로 가게 됩니다. 그러니 우리가 공덕을 지을 때 "이 공덕이 야마왕에게 회향되기를." 하고 야마왕에게도 공덕을 회향해 주는 것이 좋습니다.

이와 비슷한 예가 있습니다. 인도에서 가장 강력했던 꼬살라국의 왕이면서 부처님의 독실한 후원자였던 빠세나디 왕의 부인 말리까 왕비에 대한 이야기입니다. 말리까 왕비는 부처님께 이루 말할 수 없이 많은 복을 지은 사람이지만 딱 한 번 남편인 왕을 속인 적이 있었습니다. 그런데 워낙 마음이 깨끗한 사람이다 보니 거짓말을 한 사소한 허물 하나가 마음에 걸려 죽기 전에 그 생각이 떠오른 것입니다. 왕비는 그것 때문에 지옥으로 떨어지고 말았지만 지은 선업이 워낙 많았으므로 칠 일 만에 다시 욕계 천상인 도솔천에 태어났습니다(『법구경 이야기』, 게송 151번).

이처럼 사람이 죽기 직전에 무슨 생각을 하는지가 아주 중요합니다. 선업을 많이 지어 놓고도 죽기 직전에 악업 지은 것이 생각나서 지옥에 떨어지는 수가 있기 때문입니다. 이런 경우 그 사람이 생전에 지은 선업을 기억해 낼 수 있도록 야마왕이 유도 심문을 해 주는 것입니다.

하지만 악업의 힘이 매우 강한 사람은 야마왕의 심문 없이 바로 지옥으로 떨어집니다. 이때 지옥에 떨어진 사람을 괴롭히고 고통을 주는 존재가 사천왕천에 속하는 나찰입니다. 나찰은 흔히 우리가 저승사자라고 부르는 존재입니다. 저승사자는 지옥의 불길 속을 다니지만 그 불길이 뜨겁게 느껴지지 않습니다. 지옥 불길은 업으로 말미암아 생겨난 불길이므로 악업을 지은 지옥 중생에게만 뜨겁기 때문입니다.

그러면 지옥은 어떤 모습일까요? 「천사경」에 보면 지옥은 대지옥과 소지옥으로 나누어져 있습니다. 대지옥은 다시 여덟 가지로 나누어집니다. 첫 번째는 등활지옥等活地獄입니다. 이 지옥에 태어난 중생은 여러 가지 무기로 몸이 토막 나 죽게 되는데 죽자마자 다시 태어나서 또 고통을 받습니다. 이처럼 죽지 않고 계속해서 살아나 고통이 되풀이되는 지옥을 등활지옥이라고 합니다. 흑승지옥黑繩地獄은 제재소에서 톱으로 나무를 자르듯이 지옥 중생의 몸을 조각조각 자르는 지옥입니다. 중합지옥衆合地獄은 쇠로 된 땅에 몸을 반 정도 묻어 놓고 쇠를 벌겋게 달구어 태워 죽이는 지옥입니다. 규환지옥叫喚地獄은 맹렬히 타오르는 검붉은 지옥 불길 속에서 온몸이 타들어 가는 고통을 견디지 못해 울부짖는다 하여 붙여진 이름입니다. 고통 속에서 지르는 비명 소리가 듣는 이의 가슴을 후벼 파는 그런 지옥입니다. 대규환지옥大叫喚地獄은 규환지옥보다 더 심한 곳으로 화염의 연기에 휩싸여 몸이 불타 그 고통으로 크나큰 비명을 질러 대는 지옥입니다. 초열지옥焦熱地獄은 불에 달궈진 쇠 상자 위에서 태워 죽이는 지옥입니다. 대초열지옥大焦熱地獄은 벌겋게 달군 산꼭대기까지 올라가게 한 뒤에 날카롭게 생긴 칼날 위로 떨어지게 해서 찔리고 불타 죽게 만드는 지옥입니다. 무간지옥無間地獄은 말 그대로 한순간의 틈도 없이 고통을 받는다고 해서 무간지옥이라고 합니다. 아비지옥阿鼻地獄이라고도 하는데 지옥 중에서도 제일 무시무시한 지옥입니다.

우리가 가끔 아비규환이라는 말을 쓰는데 이는 아비지옥과 규환지옥을 아우르는 표현입니다. 고통으로 몸부림치는 소리가 끊임없이 들려오는 규환지옥과 고통이 잠시도 끊이지 않는 아비지옥을 연상시킨다고 해서 큰 사고의 현장이나 참혹한 상황을 표현할 때 아비규환이란 말을 쓰는 것입니다.

지은 악업이 아주 무거우면 오랜 세월을 무간지옥에서 보내야 하고 그래도 악업이 다하지 않으면 무간지옥 주위에 있는 소지옥으로 가게 됩니다. 무간지옥에서 나와 배설물이 가득한 지옥에서 고통을 받다가 이 지옥에서 나오면 다시 뜨거운 잿더미가 가득한 지옥에서 고통을 받습니다. 그래도 업이 남아 있으면 가시나무 숲 지옥에서 삐쭉삐쭉한 가시에 찔려 고통을 받고, 쇠 칼날 잎사귀 지옥에서 쇠 칼날 잎사귀에 베이며 고통을 받고, 뜨겁게 불타는 가시덩굴로 뒤얽힌 덩굴 강 지옥에서 고통을 받습니다. 이외에도 펄펄 끓는 쇳물에 삶아지는 화탕지옥火湯地獄 등 다른 소지옥도 있습니다.

　문제는 여기까지 고통을 받았다고 해서 그것이 끝난다는 보장이 없다는 것입니다. 소지옥을 거치고도 악업이 남아 있으면 또다시 무간지옥으로 던져진다고 합니다. 덩굴 강 지옥에서 다시 무간지옥으로 던져진다는 이 법문을 듣고 그 자리에서 발심해 열심히 수행하여 완전한 깨달음을 이뤄 아라한이 된 수행자가 무수히 많았다고 합니다.

　지옥으로 떨어진 중생이 지옥을 벗어나려면 참으로 오랜 세월이 걸립니다. 인간 세상에서 하루만 이런 고통을 받는다고 생각해도 속이 바싹바싹 타들어 가는데 무간지옥의 수명은 셀 수 없는 아승지겁°⁴이라고 하니 참으로 무서운 일입니다.

　소지옥에 관한 일화가 있습니다. 빠세나디 왕이 길을 가다가 우연히 한 여인을 봤는데 너무나 아름다워서 욕정이 일어났습니다. 아랫사람을 시켜 알아보았더니 이미 결혼해 남편이 있는 여자였습니다. 그래도 욕정이 타올라 도저히 진정되지 않자 왕은 남편을 죽이고 그 여자를 차지하려고 했습니다.

　그러던 어느 날 밤 왕은 잠을 자다가 비명 소리와 함께 "두, 사, 나, 소."라고 외치는 소리를 들었습니다. 그 소리 때문에 밤새 잠을 설친 왕은 날이 밝자마자 부처님을 찾아가 연유를 여쭈어 보았습니다. 부처님은 그 비명 소리에 얽힌 전생담을 말씀해 주셨습니다.

　석가모니 부처님이 탄생하기 바로 전 부처님인 깟사빠 부처님[迦葉佛] 당시 네 명의 젊은이가 있었습니다. 그들은 모두 부잣집 아들로 복을 지을 생각은 하지 않고 온갖 감각적 쾌락을 누리기에 바빴습니다. 그러다 보니 정상적인 쾌락으로는 만족이 되지 않아 점점 더 자극적인 것을 원하게 되었습니다. 결국 이 젊은이들은 남편이 있는 여자들을 유혹해 감각적 쾌락을 누리다가 아비지옥에 떨어졌습니다.

하지만 아비지옥에서도 그 업이 다하지 않아 다시 소지옥 중 화탕지옥에 떨어지게 되었습니다. 화탕지옥은 그곳의 뜨거운 쇳물에 가라앉는 데 3만 년, 떠오르는 데 3만 년이 걸립니다. 그렇게 6만 년 만에 한 번 떠올랐을 때 게송 하나를 끝까지 읊으면 고통이 잠시 사라진다고 합니다. 그래서 그들은 게송을 읊으려 하지만, 각각 게송의 첫 음절인 '두, 사, 나, 소' 네 마디만 읊고는 다시 펄펄 끓는 쇳물 속으로 빠져들었습니다. 그 소리를 왕이 들었던 것입니다. 부처님은 왕에게 이 게송의 전체 내용이 무엇인지를 설명해 주셨습니다.

두 Du, '재산을 시주하거나 나누어 주지 않고 악행을 일삼으며 세월을 보냈네. 우리가 가진 재산으로 피안의 귀의처를 구하지 않았네.'

사 Sa, '펄펄 끓는 화탕지옥에서 6만 년을 보냈는데 언제 끝이 오려나?'

나 Na, '너와 내가 저지른 악행의 과보 끝이 없구나. 언제 끝이 나려나?'

소So, '여기서 벗어나 인간으로 태어나면 보시를 많이 하고 계를 지키고 선행을 하리라.'

이 말을 들은 빠세나디 왕은 크게 참회하고 다시는 남의 아내를 탐하지 않으리라 맹세했습니다(『법구경 이야기』, 게송 60번).

이처럼 악업을 저지르면 대지옥에 한 번 빠지는 것으로 끝나는 게 아니라 다시 소지옥에 가서 악업이 다할 때까지 과보를 받습니다.

● 축생

축생은 빨리어로 띠랏차나 요니tiracchāna yoni입니다. 띠랏차나는 '옆으로'라는 뜻으로, 곧게 서서 걷지 못하고 네 발로 걷거나 움직이는 존재를 말합니다. 축생은 물고기와 같이 물에서 사는 존재, 개나 호랑이 등과 같이 땅에서 사는 존재, 새처럼 허공에서 사는 존재 등 다양합니다.

축생 세계는 우리가 주변에서 흔히 관찰할 수 있는 세상이므로 이해가 쉽습니다. 약육강식의 원리로 힘 있는 자가 힘없는 자를 잡아먹고 사는 세상이기 때문에 엄청난 고통이 있습니다. 게다가 인간은 닭의 목을 비틀어 죽이고, 생선을 산 채로 껍질을 벗기거나 회를 떠서 먹기도 합니다. 목이 비틀리고 몸에 칼질을 당하면 그 고통이 얼마나 크겠습니까. 축생으로 태어난 과보로 이런 고통을 받게 됩니다.

●   아귀

　아귀는 빨리어로 뻬따peta입니다. 지옥이 행복이 아예 없는 곳이라면 아귀계는 행복에서 멀리 떨어진 곳입니다. 보통 우리가 귀신이라고 하는 것도 아귀에 속한다고 보면 됩니다. 일반적으로 아귀는 배가 고픈데 먹지 못하고, 목이 마른데 마시지 못하는 고통을 받는다고 알고 있지만, 지옥 중생 못지않게 극심한 고통을 받는 아귀도 많이 있습니다.

　『법구경』 주석서에 보면 큰 망치 아귀 이야기가 나옵니다. 이 아귀는 머리에 망치가 여러 개 달려 있어서 그 망치가 계속 머리를 내리친다고 합니다. 이 아귀는 전생에 어떤 사람이 새총을 잘 쏘아 왕에게 대접받는 것을 보고 부러워했습니다. 그래서 자기도 새총 쏘는 기술을 배워 벽지불을 향해 실험을 했습니다. 가족이 있는 사람에게 새총을 쏘면 문제가 생길 수 있지만 벽지불은 혼자 사니 괜찮으리라 생각했던 것입니다. 벽지불은 그가 쏜 새총 알에 머리를 맞아 죽었고 그는 자기의 새총 쏘는 솜씨를 자랑하고 다녔습니다. 그러나 결국 벽지불을 죽인 사실이 드러나 주위 사람들에게 맞아 죽었습니다. 그리고 벽지불을 죽인 과보로 다음 생에 수많은 망치로 머리를 얻어맞는 아귀로 태어난 것입니다(『법구경 이야기』, 게송 72번).

　망치 아귀 외에도 구렁이 아귀, 돼지 아귀, 해골 아귀 등 많은 종류의 아귀가 있습니다. 타는 듯한 목마름으로 고통 받는 아귀도 있고, 배가 고파도 음식을 먹지 못하는 아귀도 있으며, 인간의 배

　　　　　　　　　1장. 삼계, 우리가 윤회하는 세상

설물이나 토한 것을 먹고 사는 아귀도 있습니다. 이러한 아귀들은 숲이나 산, 계곡, 강, 무덤 등에 살고 있습니다.

아귀 중에서 우리가 특히 눈여겨보아야 할 아귀는 다른 이의 보시에 의해 먹고 사는 시아귀施餓鬼입니다. 절에서 제사를 지낼 때 그 제사 공덕을 받을 수 있는 존재가 바로 이 시아귀입니다. 공양을 올리고 나서 "이 공양 공덕이 나의 옛 친척인 아귀들에게 회향되기를."이라고 하면 아귀들은 그 회향된 음식을 먹을 수 있습니다. 우리가 살아온 셀 수 없이 많은 전생에서 친척으로 인연 맺었던 사람이 엄청나게 많을 것이고, 그중 아귀로 태어난 사람도 많을 것입니다. 이렇게 옛 친척이었던 아귀들에게 공양의 공덕을 회향해 주면 그 아귀들이 회향된 공양을 먹을 수 있다고 합니다.

우리가 공양을 올릴 때 회향하면 좋은 대상이 둘 있습니다. 하나는 앞에서 언급한 야마왕이고, 다른 하나는 시아귀들입니다. 공양을 회향하는 것이 어려운 일도 아니고 내 공덕이 줄어드는 것도 아니니 공양을 올리고 나면 "이 공덕이 천신들에게 회향되기를. 이 공덕이 나의 옛 친척들에게 회향되기를."이라고 말로 하거나 마음속으로 생각하면 좋습니다. 전생에 인연 맺었던 사람 중에 아귀로 살아가는 많은 존재가 회향의 공덕으로 음식을 먹을 수 있고, 또 아귀의 몸에서 벗어날 수도 있을 것입니다.

마가다국 빔비사라 왕의 이야기를 봅시다. 부처님이 성도하신 후 빔비사라 왕이 처음으로 공양을 올린 그날 밤, 왕은 이상하고 흉측한 존재들이 소리를 지르는 무서운 형상이 보이는 바람에

잠을 이루지 못했습니다. 날이 밝자마자 왕은 부처님을 찾아가 여쭈었습니다. 부처님은 공양을 올리고 난 뒤 회향을 해 주었느냐고 물으시며 전생에 빔비사라 왕의 친척이었던 사람들에 대한 이야기를 들려주셨습니다.

92대겁 전에 왕의 친척들이 스님들을 집으로 초청한 적이 있는데 아이들이 울고 보채니까 스님들께 올릴 공양을 아이들에게 먼저 먹였습니다. 그 뒤 이런 일이 여러 번 반복되다 보니 나중에는 어른들도 부처님과 스님들께 공양을 올리기 전 먼저 음식을 먹게 되었습니다. 그 과보로 그들은 아귀로 태어났고 그때부터 92대겁 동안 단 한 모금의 물도, 단 한 조각의 음식도 먹지 못하고 고통을 받았습니다.

부처님은 음식을 공양한 공덕을 아귀들에게 회향해 주면 아귀인 옛 친척들이 음식과 물을 먹을 수 있다고 왕에게 알려 주셨습니다. 그 말을 들은 빔비사라 왕이 부처님께 다시 공양을 올리면서 "나의 공양 공덕이 옛 친척인 아귀들에게 회향되기를."이라고 하자 아귀들에게 천상의 음식과 물이 나타났고, 그 음식을 먹은 아귀들은 건강한 외모를 회복했다고 합니다.

그런데 다음 날 밤 아귀들이 벌거벗은 모습으로 다시 왕 앞에 나타났습니다. 빔비사라 왕이 부처님께 여쭈어 보았더니 가사를 보시하고 그들에게 회향해 주라고 하셨습니다. 그래서 가사를 보시하며 "나의 보시 공덕이 옛 친척인 아귀들에게 회향되기를."이라고 했더니 벌거벗고 다니던 아귀들에게 온갖 보석으로 치장된 천상의 옷이 갖추어졌다고 합니다(『법구경 이야기』, 게송 11·12번).

빔비사라 왕은 부처님께 공양을 올리고 단지 두 번 회향했을 뿐입니다. 그런데 자신의 공양 공덕을 회향하는 그 말과 동시에 몇십 대겁 동안 음식 구경도 못하고 벌거벗었던 아귀들이 천상의 음식을 먹고 천상의 옷을 입을 수 있었습니다. 이때 부처님이 설하신 경이 「담장 밖의 경」으로 과거 생의 친척들을 위해 읽어 주는 경입니다. 우리가 제사를 지내는 것은 이런 중생들을 위해서입니다. 『앙굿따라 니까야Aṅguttara Nikāya』[05]의 「자눗소니 경」에는 이와 관련된 법문이 있습니다.

> "고따마 존자시여, 우리 바라문은 '이 보시가 친지와 혈육인 조상들께 공덕이 되기를. 이 보시를 친지와 혈육인 조상들이 즐기시기를.'이라고 염원하면서 보시를 하고 조령제祖靈祭를 지냅니다. 고따마 존자시여, 이 보시가 친지와 혈육인 조상들께 공덕이 되겠습니까? 이 보시를 친지와 혈육인 조상들이 즐기시겠습니까?"
>
> "바라문이여, 적절한 곳에서는 공덕이 되지만 적절하지 않은 곳에서는 공덕이 되지 않는다."
>
> "고따마 존자시여, 그러면 어떤 곳이 적절한 곳이고 어떤 곳이 적절하지 않은 곳입니까?"
>
> "…… 그는 몸이 무너져 죽은 뒤에 지옥에 태어난다. 그는 거기서 지옥 중생이 먹는 음식으로 생명을 보존하고

그곳에 머문다. …… 그는 몸이 무너져 죽은 뒤에 축생의 모태에 태어난다. 그는 거기서 축생계의 중생이 먹는 음식으로 생명을 보존하고 그곳에 머문다. …… 그는 몸이 무너져 죽은 뒤에 인간의 동료로 태어난다. 그는 거기서 인간이 먹는 음식으로 생명을 보존하고 그곳에 머문다. …… 그는 몸이 무너져 죽은 뒤에 신들의 동료로 태어난다. 그는 거기서 신들이 먹는 음식으로 생명을 보존하고 그곳에 머문다. 바라문이여, 이곳들은 적절하지 않은 곳이니 거기에 머무는 자에게는 그 보시가 공덕이 되지 못한다.

…… 그는 몸이 무너져 죽은 뒤에 아귀계에 태어난다. 그는 거기서 아귀계의 중생이 먹는 음식으로 생명을 보존하고 그곳에 머문다. 혹은 그의 친구나 동료나 친지나 혈육들이 보시를 베풀어 공급해 준 것으로 거기서 생명을 보존하고 그곳에 머문다. 바라문이여, 이곳이 적절한 곳이니 거기에 머무는 자에게는 그 보시가 공덕이 된다."

___『앙굿따라 니까야』, 「자눗소니 경」

우리가 제사를 지낸다고 하더라도 지옥·축생·인간·천상에 태어난 존재들에게는 이익이 없습니다. 오직 아귀에게만 이익이 있습니다. 그럼 우리가 제사를 지내는 것은 어떤 의미가 있을까요? 현생에 죽은 친척은 아니더라도 과거 생에 인연 맺었던 수많은 친척 중에서 아귀로 태어난 이들에게 이익이 됩니다. 또한 제사를 지내는 후손들은 절에 와서 공양을 올리고 법문을 들을 수 있으므로 많은 공덕이 있습니다. 그러니 제사가 의미가 없는 것은 아닙니다.

하지만 살아 있을 때 선업은 행하지 않고 악업만 일삼은 사람이 죽은 뒤 후손이 제사를 지내 준다고 극락에 간다는 것은 부처님께서 설하신 인과因果의 가르침에 맞지 않습니다. 또 죽은 뒤에 제사를 지낸다고 해서 그들에게 이익이 있을지 없을지 불확실합니다. 그러니 죽은 후에 제사를 잘 지내 주는 것보다 죽기 전에 한 가지라도 더 선업을 지을 수 있도록 도와주는 것이 훨씬 더 유익할 수 있습니다.

● **아수라**

아수라는 아귀의 한 종류로 보는 경우가 많습니다. 그래서 일부 경에서는 지옥·축생·아귀·아수라의 사악처四惡處라 하지 않고 지옥·축생·아귀의 삼악처三惡處라 하기도 합니다. 아수라는 아귀와 같이 항상 굶주리고 목말라합니다. 이 아수라를 아귀 아수라라고 부르는데 경에서 깔라깐찌까 아수라로 언급합니다. 깔라깐찌까 아수라가 목이 말라 강가에 내려서면 가는 곳마다 강물이 말라붙어 연기만 피어오른다고 합니다. 이들이 사는 곳은 강변이나 바닷속입니다.

아귀 아수라 외에 욕계 천상인 사천왕천에 사는 공덕이 약한 천신의 일종인 아수라도 있습니다. 보통 천인은 몸에 광채가 있는데, 아수라는 천인이지만 선업의 공덕이 약하기 때문에 광채가 없습니다.

'궁전을 가진 귀신'도 여기에 속합니다. 천상에 태어난 사람들은 좋은 궁전을 가지고 있는데 '궁전을 가진 귀신'들은 선업이 약해 낮에는 궁전에서 즐기다가 밤이 되면 고통을 받습니다. 큰 능력을 지닌 땅의 신 등에 의지해서 살아가는 천신들도 공덕이 아주 약한 천신으로 아수라의 영역에 들어갑니다.

● **인간**

욕계 중에서 인간계는 지옥·축생·아귀·아수라와 달리 아주 다양한 존재들이 섞여 사는 곳입니다. 지옥에는 고통만 있고, 아귀와 축생도 대부분 고통스럽습니다. 그러나 인간계는 육도의 모습이 다양하게 있는 곳입니다. 인간계에서 어떤 사람은 지옥의 고통을 받으며 살고, 어떤 사람은 천상의 복락을 누리며 삽니다. 아주 지혜로운 사람도 있고, 아주 어리석은 사람도 있습니다. 오무간업五無間業°6을 짓는 사람에서부터 부처가 될 수 있을 만큼 강력한 능력을 가진 사람들까지 다양하게 살고 있습니다.

수행자들과 부처님이 되려고 바라밀 공덕을 닦는 보살들은 인간 세상에 태어나는 것을 좋아합니다. 악처는 너무 고통스러워서 수행하기 어렵고, 천상계는 너무 즐거워서 수행할 생각을 하지 못합니다. 욕계 천상계에서는 천녀들이 워낙 아름다워 지나가는 모습만 봐도 정신이 멍해질 정도로 즐거움이 많습니다. 그래서 선근이 뛰어난 사람은 수행을 할 수 있지만, 대부분의 사람들은 수행하기가 어렵습니다. 게다가 모든 것이 만족스러운 상태이니 도움을 필요로 하는 사람이 별로 없어 복을 지을 기회도 거의 없습니다. 하지만 인간 세상에는 고통 받는 사람이 많으므로 복을 지을 기회도 많고, 또 적당한 고통은 부처님의 가르침에 신심이 나게 하여 수행을 해야겠다는 발심을 하게 합니다. 인간 세상은 바라밀을 쌓기도 좋고 수행하기도 좋으므로 모든 부처님은 항상 인간 세상에 태어나신다고 합니다.

그런데 인간으로 태어나는 것이 그렇게 쉽지가 않습니다. 『상윳따 니까야Saṃyutta Nikāya』°7의 「구멍을 가진 멍에 경」에 보면 맹귀우목盲龜遇木의 비유가 나옵니다. 구멍 뚫린 널빤지 하나가 바다에 떠다닙니다. 거북이가, 그것도 눈이 먼 거북이가 100년에 한 번씩 수면으로 떠올라 머리를 내미는데, 이때 거북이의 머리가 떠다니는 널빤지 구멍에 딱 맞을 확률이 얼마나 되겠습니까? 악도에 떨어진 사람이 다시 인간으로 태어날 확률은 이보다도 적다고 부처님은 말씀하십니다.

악도에 떨어졌다가 다시 사람 몸 받는 것이 이처럼 어려운 일이라니 사람 몸을 받았을 때 어떻게 해야겠습니까? 아무 생각 없이 놀다가 악처에 떨어져서는 안 될 것입니다. 악처의 문은 활짝 열려 있고, 선처의 문은 아주 좁습니다. 적당히 놀고 적당히 선업을 지어서는 선처에 가기 어렵습니다. 열심히 수행하고 선업을 많이 짓는 사람에게만 선처의 문이 열립니다.

● **욕계 천상**

　욕계에는 인간계보다 즐거움이 훨씬 많은 천상계가 있습니다. 『법구경』 주석서를 비롯한 여러 경전에는 계율을 지키고 보시를 행해서 욕계 천상계에 태어난 예가 많이 나옵니다. 욕계 천상계에는 여섯 가지가 있는데 제일 낮은 천상계가 사천왕천이고, 그 다음이 삼십삼천三十三天, 야마천夜摩天, 도솔천兜率天, 화락천化樂天, 타화자재천他化自在天입니다.

　사천왕천에는 네 명의 천왕과 그 천왕들을 시봉하는 천신들이 있습니다. 사대천왕은 부처님이 보살의 몸으로 인간 세상에 태어났을 때부터 부처님을 보호해 왔습니다. 그래서 불법을 수호하는 수호신장이라는 의미로 많이 해석합니다. 큰 절에 가면 절 입구를 지키는 사천왕상이 있는데 이들이 사대천왕을 형상화한 것입니다.

　사대천왕을 시중드는 천신들 중에는 천상에 사는 신도 있고, 땅에 사는 신도 있고, 수행자들을 옆에서 보호해 주는 신도 있습니다. 지옥의 존재들에게 고통을 주는 저승사자의 역할을 하는 나찰이나 음악을 담당하는 건달바 등도 사대천왕을 보필하는 천신들입니다. 산신각을 지어 놓고 산신재를 지내는 것도 산에 사는 천신들에게 재를 지내는 관습이 내려온 것입니다.

　그 다음 천상계가 도리천忉利天이라고도 불리는 삼십삼천입니다. 이곳의 왕은 제석천왕帝釋天王으로 인드라Indra라고도 합니다. 제석천왕이 서른두 명의 동료들과 함께 이 천상계에 태어났기 때문에 삼십삼천이라고 불립니다. 원래 삼십삼천의 주인은 아수라였는데 제석천왕과 서른두 명의 동료들이 아수라를 쫓아내고 그곳을 차지했습니다. 지금도 아수라들이 그곳을 다시 차지하려고 계속 싸우지만 매번 진다고 합니다. 제석천왕은 사천왕천과 삼십삼천, 이 두 곳을 다스립니다.

삼십삼천의 천인들은 부처님에 대한 신심이 매우 깊습니다. 살아생전 부처님께 신심을 일으키고 죽은 존재들이 대부분 삼십삼천에 태어난다고 합니다. 『법구경』 주석서에 보면 원숭이가 부처님께 꿀 공양을 올린 이야기가 나옵니다. 어떤 원숭이가 부처님께 꿀을 공양 올렸는데 부처님이 그 꿀을 다 드시자 너무 기분이 좋아 펄쩍펄쩍 뛰다가 그만 날카로운 나무 가시에 찔려서 죽었습니다. 그 원숭이가 다시 태어난 곳이 삼십삼천입니다.

부처님이 대중을 떠나 숲에서 혼자 생활하실 때 부처님을 시봉한 코끼리 이야기도 있습니다. 부처님이 석 달 정도 숲에서 머물다 떠나시자 그동안 부처님을 시봉했던 코끼리가 너무나 가슴 아파 죽었는데 그 코끼리가 다시 태어난 곳도 삼십삼천입니다(『법구경 이야기』, 게송 6번).

삼십삼천에는 환희원歡喜園이라는 아름다운 정원이 있습니다. 정원 한가운데에는 호수가 있고, 호숫가에는 보석으로 된 의자들이 있으며 주위에는 꽃이 만발하고, 싱그러운 나무숲이 있습니다. 이 정원에는 향락과 기쁨이 넘쳐 천인들이 죽기 전에 느끼는 슬픔마저도 잊게 만든다고 합니다.

또한 삼십삼천에는 석가모니 부처님의 머리카락과 치아 사리가 봉안된 사리탑이 있습니다. 부처님이 열반하시고 사리가 많이 나와 여러 나라에 분배했는데 사리를 나누어 주던 사람이 치아 사리 하나를 몰래 감추었습니다. 제석천왕이 이것을 다시 가져와서 삼십삼천에 사리탑을 만들어 놓았다고 합니다.

삼십삼천 이상의 모든 욕계 천상계에는 수담마라는 법당이 있습니다. 이 법당에서는 욕계 천인들을 위해 사난꾸라마 색계 천왕이 색계에서 내려와 법문을 해 주기도 하고, 삼십삼천의 제석천왕이 직접 법문을 하기도 하며, 삼십삼천에 있는 수행을 많이 한 천인이 법문을 하기도 합니다. 천상계에 태어나서 공덕을 지을 수 있는 기회는 수담마에 가서 법문을 듣거나 부처님 사리탑에 가서 예배하는 것 두 가지뿐입니다.

다음은 야마천으로, 야마는 '고통에서 벗어난 천인' 또는 '천상의 행복에 도달한 천인'이란 뜻입니다.

그 다음 도솔천은 '만족하고 기뻐함에 다다른 천인'들이 사는 세상입니다. 욕계 천상계 중에서 가장 완벽하게 감각적 쾌락을 누리는 곳입니다. 보살들은 부처님이 되기 전에 도솔천에 머뭅니다. 석가모니 부처님도 인간 세상에 오시기 전 도솔천에 머무셨고, 미래세에 미륵 부처님이 될 보살님도 지금 도솔천에 계십니다. 빠세나디 왕의 부인인 말리까 왕비와 기원정사를 보시한 아나타삔디까[給孤獨長者]도 도솔천에 있습니다.

화락천은 자기가 원하는 것을 스스로 창조해서 즐길 수 있는 곳입니다. 도솔천까지는 자기가 지은 업에 따라 즐거움을 누리지만 화락천에서는 본래 자신이 가진 것보다 더 많은 부귀영화를 원하면 스스로 만들어 누릴 수가 있습니다.

타화자재천은 스스로 욕망의 대상을 창조하지 않아도 시중드는 천인들이 만들어 준 것을 통해 감각적 쾌락을 누리는 곳입니다. 현재 있는 것보다 더욱 좋은 것을 즐기고자 할 때 시중드는 천인들이 만들어 준 오욕五慾의 대상을 통해 자신이 원하는 것을 즐길 수 있습니다.

● **욕계 천인들의 삶**

욕계 천상계의 수명은 높은 세계로 올라가면서 천상년으로 두 배씩 늘어납니다. 하루의 길이도 한 천상계 올라갈 때마다 두 배씩 늘어나므로 실제로는 한 천상계 올라갈 때마다 수명이 네 배씩 늘어나는 것입니다. 사천왕천의 하루는 인간년으로 50년입니다. 사천왕천의 수명이 천상년으로 500년이므로 50 곱하기 360 곱하기 500 해서 인간년으로 약 900만 년이 나옵니다. 그리고 여기서부터 네 배씩 올라가니까 도솔천의 수명은 약 5억 7,600만 년입니다.

삼십삼천에 살던 어떤 천녀가 아침에 죽어 인간 세상에 태어나 아이를 네 명 낳고 살았습니다. 이 여인은 태어나면서부터 천상의 남편을 기억해 다시 천상의 남편 곁으로 돌아가고 싶다는 원을 세웠습니다. 그래서 스님들께 공양도 많이 올리고 선업을 많이 짓고 죽어서 다시 삼십삼천의 남편 곁에 태어났습니다. 그랬더니 천상의 남편이 아내에게 오전 내내 어디 갔다 왔냐고 물었다고 합니다. 인간년의 100년이 삼십삼천의 하루이니 인간 세상에서 한평생을 살다 와도 천상에서는 하루도 지나지 않은 것입니다.

천상계에서는 자기 업에 따라 수명을 다 채우고 죽을 수도 있지만 채우지 못하고 죽을 수도 있습니다. 감각적 쾌락을 즐기는 데 빠져 먹는 것을 잊어버려 굶어 죽는 경우도 있고, 성을 내서 죽는 경우도 있습니다. 항상 좋은 것만 눈에 들어오는 천상에서 크게 성을 내면 수명이 단축되어 죽게 되는 것입니다.

욕계 천상계에 태어나는 것은 화생입니다. 남자는 스무 살, 여자는 열여섯 살의 용모로 태어나서 항상 그 모습으로 살아갑니다. 치아가 부러지지 않아 그대로 있고, 늙지 않아 흰머리나 주름이 없으며, 병도 들지 않습니다. 태생이 아니라 화생이므로 월경이 없습니다. 천상의 음식은 찌꺼기가 남지 않고 완전히 소화되기 때문에 대소변이 없습니다. 눈이 머는 일도 없습니다. 그러나 업에 따라 몸의 아름다움이나 사는 궁전의 크기에는 차이가 있습니다.

천상의 여인이 얼마나 아름다운지를 말해 주는 난다 존자의 일화가 있습니다. 난다 존자가 결혼식을 하는 날 부처님이 탁발을 오셨습니다. 난다 존자는 부처님의 발우를 받아 공양을 올리려 했습니다. 하지만 부처님은 난다 존자가 음식을 담아 온 발우를 받지 않고 길을 떠나셨습니다. 난다 존자는 부처님께 발우를 돌려드리려고 계속 쫓아가다가 결국 그날 출가를 하게 되었습니다.

난다 존자의 아내가 될 사람은 매우 아름다운 여자였습니다. 난다 존자는 출가했지만 아내가 될 여자가 울며 쫓아오면서 가지 말라고 애원하던 소리가 자꾸 들려 수행을 할 수가 없었습니다. 그러자 부처님은 신통의 힘으로 난다 존자를 삼십삼천으로 데리고 가기로 했습니다. 가는 길에 온몸이 불에 탄 원숭이를 보여 주고 "저 원숭이와 너와 결혼하기로 했던 여자 중 누가 더 예쁘냐?"고 물었습니다. 난다 존자는 당연히 자기 약혼녀가 훨씬 예쁘다고 대답했습니다. 부처님은 삼십삼천에 도착한 뒤 난다 존자에게 천상의 여인을 보여 주고 "저 천상의 여인과 네 약혼녀를 비교할 수 있느냐?"고 다시 물었습니다. 난다 존자는 천상의 여인들의 아름다움에 비하면 자기 약혼녀는 아까 본 불에 탄 원숭이와 같다고 대답했습니다(『법구경 이야기』, 게송 13·14번).

그만큼 천상의 여인들은 아름답다고 합니다. 몸에서 광채가 나고 말로 표현할 수 없을 만큼 아름다워 쳐다보기만 해도 정신이 혼미해진다고 합니다.

욕계 천인들의 삶은 어느 천상계나 비슷합니다. 단지 한 단계씩 올라갈수록 누릴 수 있는 것이 더욱 많아집니다. 더 뛰어난 업으로 태어나는 곳일수록 복락이 훨씬 많아지는 것은 당연합니다. 인간 세상에서 누리는 즐거움을 이슬이라 한다면 천상계 존재들이 누리는 즐거움은 바닷물에 비유할 수 있습니다.

그러나 천상에서는 감각적 쾌락을 누리기가 쉽기 때문에 계를 지키기 어렵고 수행정진하기가 어렵습니다. 천상계는 공덕을 쌓기보다는 쌓았던 공덕을 써 버리는 곳임을 알아야 합니다. 업이 소진되고 복이 다하면 다시 인간 세상에 태어나기도 하고 악처에 떨어지기도 합니다. 이처럼 천상계에서는 지은 복을 써 버리기만 할 뿐 다시 복을 짓기가 어렵기 때문에 부처가 될 보살들은 죽어서 천상계로 가더라도 곧바로 죽어 인간 세상에 다시 태어납니다.

욕계 천상계는 보시행을 잘하고 계율을 잘 지키면 태어날 수 있습니다. 『법구경』 주석서에 보면 계율을 잘 지켜 천상계에 태어나는 경우가 많이 있습니다.

부처님의 상수제자 중 한 명인 목갈라나[目犍連] 존자는 신통제일神通第一이라고 불립니다. 목갈라나 존자는 가끔씩 삼십삼천에 올라가서 천인들을 만나 어떤 공덕을 지어 천상계에 왔는지 물어보고 다시 인간 세상에 내려와서 수행자들에게 가르쳐 주곤 했습니다. 목갈라나 존자가 한 천인에게 무슨 공덕으로 천상계에 왔느냐고 물으니 그 천인은 처음에는 말을 안 하다가 결국 "저는 무한 조각을 스님께 보시해서 이곳에 태어났습니다."라고 말했습니다. 그 말을 들은 목갈라나 존자가 부처님께 그런 사소한 공덕으로도 천상계에 태어날 수 있냐고 여쭈어 보니 부처님은 "네 눈으로 직접 보고 듣지 않았느냐?"라고 말씀하셨습니다. 실제로 아주 사소한 보시도 바른 신심을 가지고 기쁜 마음으로 행하면 그로 인해 욕계 천상계에 태어날 수 있습니다(『법구경 이야기』, 게송 224번).

색계

욕계 세상과 달리 색계나 무색계 세상에는 보시행을 하고 계율을 지키는 것만으로는 태어날 수가 없습니다. 색계나 무색계에 태어나기 위해서는 반드시 선정 수행을 해서 선정을 얻어야 합니다. 선정 수행은 하나의 대상에 집중해 선정을 계발하는 수행을 말합니다. 이 수행을 통해 선정을 얻었다고 하더라도 죽을 때 선정에 들어 죽어야만 색계나 무색계에 태어날 수 있습니다. 그래서 색계나 무색계를 '고귀한 세상'이라고 합니다.

색계 세상에 태어나기 위해서는 색계 선정을 얻어야 합니다. 부처님 당시 가장 많이 행해졌던 들숨날숨기억[ānāpāna-sati] 수행을 예로 들어 설명해 보겠습니다. 이는 들숨날숨을 수행의 대상으로 삼아 들숨날숨만을 잊지 않는 수행 방법입니다.

들숨날숨만을 잊지 않고 기억하여 분명히 앎으로써 감각적 욕망과 적의 등의 집중을 방해하는 장애 요소들이 버려지기 시작하면 희열과 행복이 생기면서 지혜의 빛°8이 나타나기 시작합니다. 이 빛이 더 밝아지고 안정되어 그 빛이 들숨날숨과 완전히 일치하게 되면 이때의 빛을 '숨의 표상[nimitta]'이라고 합니다. 표상이 나타난 뒤 숨에서 표상으로 대상을 전환하여 표상만을 잊지 않고 기억해 분명히 앎으로써 장애 요소를 완전히 떨쳐 버리면 표상에 완전히 몰입된 집중 상태인 선정에 들어가게 됩니다.

이때 숨의 표상을 마음에 떠올려 주는 '일으킨 생각[尋,

vitakka]’, 표상을 계속 생각하는 ‘지속적 고찰[伺, vicāra]’, 표상을 만남으로써 생기는 ‘희열[憙, pīti]’, 표상을 통해 장애를 떨쳐 버림으로 생긴 ‘행복[樂, sukha]’, 표상과 마음이 하나가 되는 ‘집중[心一境, ekaggatā]’이라고 하는 다섯 가지 요소가 우리 마음에 뚜렷하게 부각됩니다. 이 다섯 가지 선의 구성 요소를 모두 갖춘 선정을 색계 초선정이라고 합니다.

초선정에 충분히 숙달된 다음 초선정의 다섯 가지 구성 요소 중 일으킨 생각과 지속적 고찰은 나머지 요소들에 비해 거칠기 때문에 더 깊은 집중에 방해가 된다는 것을 숙고합니다. 그래서 일으킨 생각과 지속적 고찰을 버리고 희열·행복·집중, 이 세 가지 선의 구성 요소만 있는 선정에 들어가면 이것이 색계 이선정입니다.

이선정에 충분히 숙달된 다음 이선정의 세 가지 구성 요소 중 희열은 나머지 요소들에 비해 거칠기 때문에 더 깊은 집중을 얻는 데 방해가 된다고 숙고합니다. 그래서 희열을 버리고 행복과 집중, 이 두 가지 선의 구성 요소만 있는 선정에 들어가면 그것이 색계 삼선정입니다.

삼선정에 충분히 숙달된 다음 삼선정의 두 가지 구성 요소 중 행복은 평온에 비해 거칠기 때문에 더 깊은 집중에 방해가 된다는 것을 숙고합니다. 행복을 ‘평온한 느낌’으로 바꾸어 ‘평온한 느낌’과 집중의 두 가지 선의 구성 요소가 있는 선정에 들어가면 그것이 색계 사선정입니다.

네 가지 색계 선정 중 어느 선정에 들어서 죽음을 맞이했느냐에 따라 태어나는 세상이 달라집니다. 색계 초선정에 들어 죽으면 색계 초선천初禪天, 색계 이선정에 들어 죽으면 색계 이선천二禪天, 색계 삼선정에 들어 죽으면 색계 삼선천三禪天, 색계 사선정에 들어 죽으면 색계 사선천四禪天에 태어납니다.

● **색계 초선천**

색계 초선천에는 범중천梵衆天·범보천梵輔天·대범천大梵天이 있습니다. 범중천은 초선을 얕게 닦은 존재, 범보천은 초선을 중간쯤 닦은 존재, 대범천은 초선을 아주 깊게 닦은 존재가 태어나는 곳입니다. 여기서 대범천의 천인은 왕이고, 범보천의 천인들은 대신들, 범중천의 천인들은 일반 국민이라고 생각하면 됩니다.

색계의 존재는 몸 자체가 욕계 천상의 존재와는 비교가 안 될 만큼 미세한 물질로 이루어져 있습니다. 온몸이 빛 덩어리로 이루어져 스스로 빛을 내는데 더 높은 천상으로 올라갈수록 더 강하고 아름다운 빛을 냅니다.

● **색계 이선천**

색계 이선천에는 소광천少光天·무량광천無量光天·광음천光音天이 있습니다. 소광천의 존재는 빛이 약하고, 무량광천의 존재는 무량하게 빛을 발합니다. 광음천에 있는 존재는 마치 벼락 칠 때 번쩍하는 것처럼 빛이 난다고 합니다. 색계 초선천까지는 우리 인간계처럼 존재마다 생김새가 다르지만 색계 이선천부터는 생김새가 모두 같습니다. 일으킨 생각의 차이에 따라 모습이 달라지는데 색계 이선천부터는 일으킨 생각이 없기 때문에 모양이 똑같아지는 것입니다. 색계 이선천은 일으킨 생각과 지속적 고찰은 버렸지만 희열이 있는 세상이므로 항상 기쁨이 넘칩니다. 이곳의 존재들은 "아호 수캉^(아! 기쁘다)."이라는 말을 자주 외친다고 합니다.

● **색계 삼선천**

색계 삼선천에는 소정천少淨天·무량정천無量淨天·변정천邊淨天이 있습니다. '정淨[subha]'이라는 말은 '깨끗하다'는 뜻입니다. 이선천의 존재들이 내는 빛이 쪼개진 빛이라면, 삼선천의 존재들이 내는 빛은 마치 보석이 한 덩어리로 있을 때 내는 아름다운 빛과 같습니다. 특히 변정천의 존재들은 온몸이 아주 아름다운 빛으로 뒤덮여 있다고 합니다.

● **색계 사선천**

색계 사선천은 색계 천상계 중에 제일 높은 세상입니다. 색계 사선천에는 광과천廣果天·무상유정천無想有情天·정거천淨居天이 있고, 정거천에는 무번천無煩天·무열천無熱天·선현천善現天·선견천善見天·색구경천色究竟天이 있습니다.

색계 사선천 중에서 광과천은 다른 색계 세상에 비할 수 없을 만큼 크고 좋은 과보가 일어나는 곳입니다. 무상유정천은 조금 특이한 곳입니다. 색계 사선정을 얻은 존재 중에서 어떤 존재는 '모든 고통은 인식 때문에 일어나므로 인식은 혐오스러운 것이다.'라고 하면서 인식하는 것을 혐오하는 수행을 할 수 있습니다. 인식이 일어나지 않으면 좋겠다는 마음으로 사선정을 닦는 것입니다. 이런 수행을 하다가 인식을 혐오하는 마음으로 색계 사선정에 들어 죽음을 맞이하면 그 결과로 무상유정천에 태어나게 됩니다.

무상유정천의 존재는 말 그대로 살아 있지만[有情] 인식이 없는[無想] 존재입니다. 인식이 없다는 것은 마음이 일어나지 않는다는 것입니다. 즉 이곳의 존재들은 마음 또는 의식은 없고 몸뚱이만 있습니다. 죽을 때 앉아서 죽었다면 앉은 모습으로, 누워서 죽었다면 누운 모습으로, 서서 죽었다면 서 있는 모습으로 수명이 다할 때까지 마음이나 의식 없이 그냥 지내게 됩니다.

무상유정천의 수명은 500대겁입니다. 가로세로 높이가 약 12킬로미터 되는 바위를 100년에 한 번씩 천상의 선녀가 내려와서 비단 치마로 스쳐 그 바위가 다 닳아 없어지는 세월이 1대겁인데, 무려 500대겁 동안 마음이나 의식이 없고 몸만 있는 상태로 가만히 있는 것입니다. 여기에서는 어떠한 공덕과 지혜도 닦을 수 없으므로 죽으면 더 높은 세상으로 올라갈 수 없고 바로 욕계 세상으로 떨어집니다. 그래서 고귀한 영혼을 가진 존재들은 이곳에 태어나는 것을 좋아하지 않습니다.

색계 사선천 중에서 가장 높은 정거천은 아주 깨끗한 존재들이 머무는 곳입니다. 이곳에는 아무나 태어날 수 없고 감각적 욕망과 성냄이 완전히 소멸한 존재인 아나함만이 태어날 수 있습니다.

아나함이 정거천에 태어나면 그곳에서 아라한이 되어 열반에 듭니다. 그래서 정거천은 아나함이나 아라한만이 머무는 곳입니다.

● 색계 천인들의 삶

색계 천인들과 욕계 천인들을 비교해 보면, 감각적 쾌락을 즐기는 사람은 욕계 천상계에 태어나고, 선정을 얻은 사람은 감각적 쾌락을 멀리하기 때문에 색계에 태어납니다. 욕계 천상계는 남자와 여자가 있기는 하지만 성적인 접촉 없이 남녀가 서로 눈빛만 쳐다봐도 만족합니다. 그런데 색계 천상계는 남녀의 구별이 없고 성기도 없이 오직 남자의 모습으로 태어납니다. 욕계 천인과는 비교가 안 될 만큼 몸이 아름답고 사는 궁전도 크고 훌륭합니다.

색계 존재는 눈·귀·코·혀·몸의 형체를 모두 갖추고 있지만, 그중 코·혀·몸은 감각 기관으로서 작용하지 않습니다. 그래서 색계 존재에게는 비식鼻識·설식舌識·신식身識이 없고, 안식眼識·이식耳識·의식意識만 있습니다. 욕계 천상계에서는 음식을 먹지만, 색계 천상계에서는 음식을 먹지 않고 선정의 기쁨을 먹고 삽니다. 선정의 희열이 음식을 대신하므로 색계에서는 음식이 필요 없습니다.

색계 존재는 감각적 쾌락을 누리기보다 자애[慈]·연민[悲]·함께 기뻐함[喜]·평온[捨]의 사무량심四無量心을 수행하거나 선정을 닦습니다.

실제로 색계 초선에 들어가면 세속에서는 전혀 경험해 보지 못한 희열과 이루 말할 수 없는 행복을 맛볼 수 있습니다. 세속에서 남녀가 만나 느끼는 즐거움과는 비교가 안 되는 즐거움입니다. 우리가 선정 수행을 하면 욕계 세상에서도 이 몸 그대로 색계 마음을 경험할 수 있습니다.

색계 천인은 수명도 욕계 천인과 비교할 수 없을 만큼 깁니다. 욕계 천상계에서 제일 높은 곳인 타화자재천의 수명이 약 92억 년인데, 색계는 초선천부터 수명이 대겁 단위가 되어 범중천의 수명이 3분의 1대겁이고, 대범천의 수명이 1대겁입니다. 색계 이선천부터는 한 단계 올라갈 때마다 수명이 두 배씩 길어집니다. 색계 이선천의 소광천은 2대겁, 무량광천은 4대겁, 광음천은 8대겁이고, 색계 삼선천의 소정천은 16대겁, 무량정천은 32대겁, 변정천의 수명이 64대겁입니다. 색계 사선천에 가면 수명이 급격하게 늘어나서 무상유정천이나 광과천의 수명은 500대겁입니다. 그리고 색계 사선천의 제일 높은 세상인 정거천 중 색구경천의 수명은 1만 6,000대겁입니다.

무색계

무색계는 반드시 무색계 선정에 들어서 죽음을 맞이해야 태어날 수 있는 곳입니다. 무색계 선정은 물질을 극복하는 수행을 해야 얻을 수 있는데 이것은 매우 전문적인 수행이므로 자세한 설명은 생략하겠습니다. 단지 무색계 선정이 있고, 이러한 선정을 얻어야 태어날 수 있는 세상이 무색계 세상이라는 정도만 알아도 무방합니다.

무색계 선정에는 공무변처空無邊處·식무변처識無邊處·무소유처無所有處·비상비비상처非想非非想處의 네 가지 선정이 있습니다. 이 중 어떤 선정에 들어 죽느냐에 따라 공무변처·식무변처·무소유처·비상비비상처의 존재로 태어납니다.

여기서 주의할 점은 무색계는 실제로 궁전과 같은 물리적 공간이 있는 세상이 아니라는 것입니다. 무색계 존재는 물질은 없고 마음만 있는 존재이므로 물리적 공간이 필요하지 않습니다. 몸이 없어 공간의 제약을 받지 않고 몸 때문에 일어나는 고통이 없으므로 더욱더 행복한 세상이라고 할 수 있습니다. 무색계 존재의 수명은 색계 존재의 수명보다 훨씬 깁니다.

석가모니 부처님이 출가해서 처음 수행할 때 무색계 사선정인 비상비비상처를 닦은 적이 있습니다. 웃다까 라마뿟다라는 스승에게 배워 무색계 사선정을 터득했는데, 이 선정에 들어가 있으면 아무 번뇌가 일어나지 않지만, 선정에서 나오면 또다시 번뇌가 일어났습니다. 부처님은 무색계 사선정을 닦아 비상비비상처에 태어나면 8만 4,000대겁이라는 어마어마하게 긴 세월 동안 살 수 있지만, 그 수명이 다하고 나면 또다시 윤회해야 한다는 것을 아셨습니다.

무색계에서 죽은 존재는 선업의 힘이 강하기 때문에 바로 악처에 태어나지는 않습니다. 다시 무색계에 태어나거나 욕계에 태어납니다. 욕계에 태어나면 아무리 좋은 천상 세계에 태어났다 하더라도 다시 축생이나 지옥 등의 악처에 태어날 수가 있기 때문에 다음 생은 어떻게 될지 장담하지 못합니다.

그러나 일단 성자의 첫 단계인 수다원이 되면 안전을 보장받습니다. 수다원이 되는 순간부터 다시는 악처에 태어나지 않기 때문입니다. 성자가 아닌 존재들은 악처에 태어날 수 있는 가능성을 항상 가지고 있습니다.

욕계 천상계나 색계·무색계에 아무리 좋은 복락이 있고 즐거운 과보가 많다 하더라도 그것은 결국 무상無常한 것입니다. 끊임없이 변하는 것입니다. 영원한 행복을 얻는 것이 아닙니다. 그곳에 태어나게 한 업이 다하면 또다시 서른한 가지 세상 중 어느 한 곳에 태어나 고통과 즐거움을 겪으면서 끊임없이 윤회를 해야 합니다. 결국 삼계는 그 어느 곳도 안전하지 않습니다.

2장. 업과 윤회

삼계 혹은 서른한 가지 세상에 태어나게 하는 가장 강력한 조건은 바로 갈애渴愛[taṇha]와 업業[kamma]입니다. 업을 이해하면 윤회가 일어나는 과정을 이해하는 데 큰 도움이 됩니다.

　　부처님께서는 '의도'를 업이라고 말씀하셨습니다. 『앙굿따라 니까야』의 「꿰뚫는 경」에 보면 "나는 의도를 업이라고 말한다. 몸과 말과 마음으로 업을 짓는다."고 나옵니다. 엄밀하게 말하면 업은 선한 마음이나 불선한 마음의 의도라고 할 수 있습니다.

업이 되는 마음, 업이 되지 않는 마음

일반적으로 마음을 선善·불선不善·무기無記의 세 가지 형태로 나눕니다. 선한 마음과 불선한 마음은 업이 되는 마음이고, 무기의 마음은 업이 되지 않는 마음입니다.

　　무기의 마음은 다시 두 가지로 나눌 수 있습니다. 하나는 전생 업의 과보로 일어나는 '과보의 마음', 즉 '결과의 마음'이고, 다른 하나는 '작용만 하는 마음'입니다. 과보의 마음은 전생 업의 과보로 일어나는 마음이므로 이것이 다시 새로운 업을 만들어 내지는 않습니다. 작용만 하는 마음은 말 그대로 작용만 합니다. 이 마음은 거울이 사물을 비추듯 작용만 하므로 업이 되지 않습니다.

　　작용만 하는 마음의 대표적인 것이 아라한의 마음입니다. 아라한이 되면 행위 하나하나가 아무런 흔적을 남기지 않습니다. 어떤 대상을 만날 때 그 대상에 대해서 단지 작용만 할 뿐입니다. 아라한은 어리석음과 탐욕, 성냄이 완전히 소멸하였기 때문에 새로운 업을 더 짓지 않습니다. 그래서 아라한이 죽으면 다시 태어나지 않는 것입니다. 이처럼 무기의 마음인 과보의 마음과 작용만 하는 마음은 업이 되지 않습니다.

우리가 하는 행위에서 실제로 업이 되는 마음은 선한 마음과 불선한 마음입니다. 불교에서 선한 마음은 진정한 행복인 열반을 이루는 데 유익한 마음을 말하고, 불선한 마음, 즉 악한 마음은 진정한 행복인 열반에 이르는 데 해로운 마음을 말합니다. 선한 마음이나 불선한 마음은 다른 마음에 비해서 힘이 강합니다. 예를 들어어떤 대상을 아무 생각 없이 그냥 한번 쳐다보는 것은 강한 업이되지 않습니다. 그러나 그 대상을 보고 좋다거나 싫다는 생각을 일으키거나 그것에 대해 집착하면 그 마음의 힘은 아주 강력합니다. 이런 마음은 일어났다 사라진 후에도 다음에 일어나는 마음에 영향을 줍니다.

이 세상에 태어나 존재감 없이 살다 가는 사람이 있는가 하면 많은 사람에게 영향을 주고 가는 사람이 있습니다. 마음도 아주 강한 영향을 주거나 미미한 영향을 주는 마음, 즉 업이 되는 마음도 있고, 아예 영향이 없는 마음, 즉 업이 되지 않는 마음도 있습니다.

삶을 살아가는 데 어떤 것이 선인지, 어떤 것이 불선인지 알지 못하면 가치 판단 기준이 없어집니다. 기준이 없으면 악행은 부지

불식간에 자꾸 저지르고, 선행은 어쩌다가 한 번씩 하면서 살아갈 것입니다. 선과 악에 대한 확실한 기준을 갖고 있어야 악행을 최소화하고 선행을 많이 할 수 있습니다. 선과 악을 아는 것, 좀 더 정확히 말해서 어떤 것이 선한 마음이고, 어떤 것이 불선한 마음인지를 아는 것이 매우 중요합니다.

선과 악을 정확히 분별할 줄 모르면 수행을 제대로 할 수가 없습니다. 팔정도八正道○9에서 말하는 바른 노력[正精進]의 의미는 이미 일어난 선은 더욱 증장시키고, 아직 일어나지 않은 선은 일어나게 하며, 이미 일어난 악은 버리고, 아직 일어나지 않은 악은 일어나지 않게 하는 것입니다. 이것을 바른 노력 또는 네 가지 정근[四正勤]이라고 합니다. 선과 불선을 제대로 구별할 수 있어야 바른 정진도 가능합니다.

석가모니 부처님 이전의 일곱 부처님이 동일하게 말씀하신 칠불통게七佛通偈라는 게송에서도 불선은 버리고 선은 행하라고 하셨습니다.

제악막작諸惡莫作	모든 불선한 마음은 짓지 말고
중선봉행衆善奉行	온갖 선한 마음을 받들어 행하라
자정기의自淨其意	스스로 마음을 깨끗이 하는 것이
시제불교是諸佛教	바로 모든 부처님의 가르침이다

옛날에 큰스님들은 "한 마음이 선하면 그것이 극락이며, 한

마음이 악하면 그것이 지옥이다."라고 했습니다. 실제로 선한 마음이 일어나는 만큼 우리 마음이 부처님 마음을 닮아 가는 것입니다.

업의 특징

● **선업은 좋은 결과, 악업은 나쁜 결과를 가져온다**

사람마다 생긴 모습이 다르고 태어난 환경도 다릅니다. 어떤 사람은 행복한 환경에서 태어나고, 어떤 사람은 불행한 환경에서 태어납니다. 어떤 사람은 아름답게 태어나고, 어떤 사람은 추하게 태어납니다. 어떤 사람은 건강하게 태어나고, 어떤 사람은 허약하게 태어납니다. 이런 것들이 다 전생 업과 관련되어 있습니다. 전생의 업에 따라 차이가 생겨나는 것입니다. '콩 심은 데 콩 나고 팥 심은 데 팥 난다.'라는 말이나 '자작자수自作自受'라는 말처럼 자기가 지은 업의 결과를 자기가 받는다는 것입니다.

선업은 좋은 결과를 가져오고, 악업은 나쁜 결과를 가져옵니다. 선한 업을 지으면 선한 과보의 마음이 일어납니다. 선한 과보의 마음은 그 시대의 보통 사람들이 원하는 것을 대상으로 일어납니다. 그 대상은 아름다운 형상, 아름다운 소리, 좋은 냄새, 좋은 맛, 좋은 감촉, 잘생긴 얼굴, 부귀, 권력, 명예 등을 말합니다. 그래서 선업을 많이 지은 사람은 현상적으로 원하는 대상을 많이 경험하는 복보福報를 받습니다.

반대로 불선한 업을 지으면 불선한 과보의 마음이 일어납니다. 불선한 과보의 마음은 그 시대의 보통 사람들이 원하지 않는 것을 대상으로 일어납니다. 그 대상은 보기 흉한 형상, 듣기 싫은 소리, 나쁜 냄새, 나쁜 맛, 나쁜 감촉, 못생긴 얼굴, 가난, 불명예 등을 말합니다. 불선업을 많이 지은 사람은 현상적으로 원하지 않는 대상을 많이 경험하는 악보惡報를 받게 됩니다.

● **업을 행하는 것도, 받는 것도 마음이다**

우리가 업을 짓도록 하는 어떤 존재가 있느냐 없느냐 하는 것도 한번 생각해 볼 필요가 있습니다. 업을 행하는 자 또는 업의 과보를 받는 주체가 과연 있을까요?

사람들은 보통 영혼이라는 어떤 주체가 있어서 그것이 업을 짓고 그 과보를 받는다고 생각합니다. 이런 생각은 힌두교의 '아트만atman 사상'으로 고정불변한 실체인 자아가 있어서 그 자아가 업을 행하고, 그 자아가 업의 과보를 받는다고 봅니다.

불교에서는 '자아'를 말하지 않습니다. 자아는 단지 생각의 산물일 뿐 실제로 존재하는 것이 아니라고 합니다. 자아라고 생각하는 것은 물질과 정신의 결합 또는 다섯 무더기[五蘊]°10, 즉 물질[色] 무더기, 느낌[受] 무더기, 인식[想] 무더기, 형성[行] 무더기, 의식[識] 무더기의 집합일 뿐입니다.

자아가 있어서 업을 행하고 그것이 업의 과보를 받는 것이 아니라는 겁니다. 실제로는 적당한 조건의 화합에 의해서 마음이 일어납니다. 이것이 업을 짓는 것입니다. 이때 생긴 업의 잠재력인 업력業力은 적당한 조건이 갖추어지면 업을 조건으로 생긴 물질°11과 과보의 마음°12을 일어나게 합니다. 이것이 업을 받는 것입니다.

이처럼 업을 짓는 것도 마음이고, 업의 과보를 받는 것도 마음입니다. 내가 전생에 많은 악행을 저질러 그 악업 때문에 지옥에 떨어지면 괴로운 느낌과 함께하는 마음이 끊임없이 일어나서 많은 고통을 받습니다. 그러나 선행을 많이 해서 천상이나 인간 세상에 태어나면 행복한 느낌과 함께하는 마음이 많이 일어나서 행복을 누릴 것입니다.

업을 행하는 것이나 업을 받는 것은 자아가 아니라 마음입니다. 자아에 의해서 마음이 일어나고 사라지는 것이 아니라 적당한 조건에 따라 마음이 일어났다가 사라집니다. 더구나 한 번 일어난 마음은 다음에 일어나는 마음에 영향을 줍니다. 이것을 불교에서는 연기緣起로 설명합니다. 이와 같은 연기의 법칙에 따라 물질과 정신의 일어나고 사라짐이 계속되는 것이 우리의 삶이고 윤회의 과정입니다.

촛불의 비유를 들어 봅시다. 앞의 초에서 뒤의 초로 불이 옮겨 갑니다. 그때 앞의 촛불과 뒤의 촛불은 별개의 촛불입니다. 그러나 뒤의 촛불이 일어나는 것이 앞의 촛불과 전혀 무관하지 않습니다. 앞의 촛불이 없으면 뒤의 촛불도 없습니다. 앞의 촛불이 조건이 되어 뒤의 촛불이 밝혀진 것처럼 서로 연관성은 가지고 있지만 동일한 것은 아니라는 뜻입니다.

또 다른 예로 도장의 비유를 들어 보겠습니다. 종이에 도장을 찍으면 도장에 새겨진 것과 종이에 찍힌 것이 동일한 것은 아니지만 그렇다고 해서 무관하지도 않습니다. 분명 밀접한 연관성을 가지고 있습니다.

그와 같이 우리 마음도 앞의 마음이 일어났다가 사라지면서 뒤의 마음이 일어나는데, 그때 앞의 마음과 뒤의 마음이 연관되어 있다는 것입니다. 조건에 따라 일어났다가 사라지며 끊임없이 진행합니다.

윤회를 씨앗에 비유할 수도 있습니다. 씨앗이 적당한 조건을 갖추면 열매를 맺습니다. 하지만 씨앗 자체에 열매가 들어 있는 것은 아닙니다. 씨앗에서 열매를 찾으려 하면 찾을 수 없습니다. 그렇지만 적당한 물과 온도, 보살핌, 토양이 갖추어지고 어느 정도 시간이 지나면 열매를 맺습니다. 이때 그 열매와 씨앗은 같은 것도 아니지만 무관한 것도 아닙니다. 씨앗이라는 조건이 없으면 열매를 맺을 수 없습니다.

마음이 일어났다 사라지는 것이 하나의 씨앗, 즉 업이 됩니다. 이 업은 순간적으로 일어났다가 사라지지만 업이 가진 잠재력인 업력業力은 사라지지 않습니다. 그러다가 업이 결과를 맺을 수 있는 적당한 조건이 갖추어지면 업의 잠재적 가능성인 업력이 작용해 열매, 즉 업의 결과를 맺는 것입니다.

2장. 업과 윤회

조물주나 자아, 영혼 같은 것들에 의해서 업과 업의 결과가 이루어지는 것이 아닙니다. 단지 마음이 적당한 조건에 따라 일어났다 사라지면서 업이 형성되고, 업력에 의해서 업의 결과가 이루어집니다. 이 부분을 잘 이해해야 불교를 제대로 이해할 수 있습니다. 그렇지 않으면 영혼이나 자아 같은 개념에 대한 집착이 끊임없이 일어납니다. 업을 행하는 것도, 그 결과를 받는 것도 마음임을 이해하는 것이 매우 중요합니다.

요즘 '진아眞我' 혹은 '참나'를 찾는다는 이야기를 많이 하는데 원래 초기불교에는 '진아'라는 말이 없습니다. 다만 아라한은 어떤 행위를 해도 '내가 했다.'는 생각을 하지 않으므로 그런 존재의 모습이 진짜 우리의 모습이라는 의미에서 '참나'라는 표현을 쓸 수 있을지는 모르겠습니다. 하지만 그것이 '진짜 나'가 있다는 뜻은 아닙니다.

초기불교에서는 '자아' 또는 '참나'가 존재한다고 생각하는 것을 사견邪見 중의 하나인 유신견有身見이라고 합니다. 유신견은 성인의 첫 번째 단계인 수다원이 되면 완전히 사라집니다. 그래서 수다원이 된 존재는 '내가 뭘 한다.'라고 인식하지 않고, 다만 '상카라 saṅkhāra°13가 일어난다.' 또는 '물질과 정신이 일어난다.'라고 인식합니다.

대승불교에서도 '진아'라는 표현을 고정된 실체인 '나[我]'가 있다는 의미로 쓰지 않습니다. '나'를 찾는다고 하는 것은 탐욕과 성냄과 어리석음이 사라진 청정한 마음을 찾는다는 것이지 진짜 무언가가 있어서 찾는다는 것이 아닙니다. 진짜 나는 아무리 찾아봐도 없습니다. 그것은 모든 부처님이 말씀하셨고 그 이후의 수많은 성자들도 이야기한 것입니다.

만약에 어떤 사람이 "나'가 있다', '고정불변하는 실체가 있다'고 이야기한다면 그 사람은 불교를 제대로 아는 사람이 아닙니다. 무아無我 사상은 불교의 가장 근본 사상인데 '진아'나 '참나'라는 언어가 주는 모호함 때문에 사람들이 혼동을 하는 것입니다. 연기의 법칙을 제대로 이해하면 그런 생각은 확연히 사라집니다.

● **업과 업의 결과는 부처님의 영역이다**

사람들은 수행을 많이 하면 전생을 다 볼 수 있고, 업과 업의 원인에 대해서 다 알 수 있다고 생각합니다. 그런데 실제로 어떠한 업에 의해서 어떠한 결과가 일어나는지를 모두 다 세세하게 알 수 있는 존재는 오직 부처님밖에 없습니다. 알아야 할 모든 것을 다 아는 일체지一切智를 갖추신 부처님만이 그것들을 다 아실 수 있습니다. 대부분의 수행자들은 자기 지혜의 정도에 따라 그 일부를 알 뿐입니다.

부처님의 상수제자인 지혜제일 사리뿟다[舍利弗] 존자도 제자를 가르칠 때 잘못 가르친 예가 있습니다. 사리뿟다 존자가 어떤 제자에게 몸이 아름답지 않음을 관찰하는 부정관不淨觀으로 수행을 하라고 시켰는데 아무리 해도 수행에 진전이 없었습니다. 그래서 수행자를 부처님께 데리고 가서 그 연유를 여쭈어 보았습니다.

부처님이 그 수행자의 전생을 살펴보니 지난 500생 동안 금세공업자였습니다. 그는 금세공업자로서 항상 아름답고 화려한 것만 보고 살아왔는데 아름답지 않은 것을 관찰하는 부정관을 하려니 마음이 불편하고 불안해서 수행이 잘 안 되었던 것입니다. 부처님은 신통으로 자마금으로 된 연꽃을 만들어 수행자에게 그 연꽃의 붉은색에 집중해 삼매를 계발하라고 했습니다. 그러자 수행자는 마음이 금방 안정되어 색계 사선정까지 삼매를 계발했고, 이를 바탕으로 지혜[vipassanā] 수행으로 전환했습니다.

이때 부처님은 신통으로 자마금 연꽃을 시들게 했습니다. 수행자는 아름다운 연꽃이 시드는 것을 보고 모든 현상이 무상하다는 것을 이해해 깨달음의 지혜가 계발되었고, 얼마 지나지 않아 아라한이 되었습니다.

지혜제일이라 일컫는 사리뿟다 존자도 모든 중생의 업의 원인이나 업의 결과를 세밀하게 알 수는 없었습니다. 그러니 수행을 하면 업과 업의 결과를 모두 알 수 있다고 생각하는 것은 잘못된 생각입니다.

『앙굿따라 니까야』의 「생각할 수 없음 경」에 보면 보통 사람들이 아무리 알려고 노력해도 알 수 없는 것이 네 가지 있다고 합니다. 그것은 부처님의 공덕, 선정에 든 사람의 마음, 업과 업의 결과, 세상에 대한 사색입니다. 이것들은 범부들이 아무리 생각해도 알기 힘들고, 또 알려고 노력하면 미치거나 곤혹스러워진다고 합니다.

● 업은 운명이 아니라 조건이다

사람들은 무슨 일만 일어나면 "이게 다 전생의 업 때문이다."라고 말하곤 합니다. 하지만 모든 것이 업 때문에 일어나는 것은 아닙니다.

이 세상의 모든 것은 연기적으로 생겼다 소멸합니다. 연기는 글자 뜻대로 '조건'을 의지해서 '일어난다'는 뜻인데, 초기불교에서는 그 조건을 여러 가지로 이야기합니다. 업은 여러 가지 조건 중 하나이고, 그 외에 여러 가지 조건이 더 있다는 말입니다. 다시 말해 업이 조건의 전부는 아닌 것입니다.

모든 것이 업 때문이라면 내가 손을 뻗어 컵을 들고 물을 마시는 사소한 행위 하나하나까지 모두 전생의 업 때문에 일어난다고 해야 합니다. 그런데 컵을 들고 물을 마시는 것은 내가 의도를 일으켜서 그렇게 하는 것이지 전생의 업 때문에 일어나는 것이 아닙니다.

우리가 살아가면서 어떤 대상 때문에 마음이 일어날 수도 있습니다. 누가 갑자기 고함을 지르면 저 사람이 왜 저렇게 소리를 지르나 싶어 화가 날 수 있습니다. 그렇게 화를 내는 마음이 일어나는 것은 고함 때문이지 업 때문에 일어나는 것은 아닙니다. 날씨가 더울 때 짜증이 나는 것도 전생의 업으로 짜증이 나는 것은 아닙니다.

비행기 사고가 나서 동시에 여러 사람이 죽으면 동업중생同業衆生이라고 말하기도 합니다. 물론 비슷한 업을 가진 사람들이 만났을 수도 있습니다. 그렇지만 꼭 전생의 업으로만 그렇게 되는 것은 아닙니다. 조종사의 운전 미숙과 같은 현생의 실수로 인해 그렇게 될 수도 있습니다.

이 세상에서 일어나는 모든 일이 업으로 말미암아 일어나는 것은 아닙니다. 여러 가지 원인이 다양하게 있는 것이지 조건 중에 꼭 업만 있는 것이 아니라는 뜻입니다. 다만 업이 가장 중요하게 작용할 때가 있는데, 그것은 전생에서 이생으로 옮겨 올 때입니다. 즉 이생이 시작되는 그 순간에는 업이 결정적인 조건입니다.

● **업은 숙명론이 아니다**

불교 이외의 가르침 중에는 모든 것이 이미 다 결정되어 있다는 숙명론적 견해가 많습니다. 그러나 불교에서 말하는 업은 숙명론이 아닙니다. 물론 살생을 많이 하면 수명이 짧아지고, 성냄을 많이 일으킨 사람은 용모가 추해진다는 등의 기본적인 법칙은 있지만 이렇게 하면 항상 이렇게 되고, 저렇게 하면 항상 저렇게 된다고 말할 수는 없습니다.

업은 매우 미묘하게 작용합니다. 이런 업을 지으면 이런 과보를 받는다고 수학 공식처럼 정해져 있는 게 아닙니다. 과보는 하나의 조건만으로 결정되는 것이 아니라 여러 가지 인연들의 화합에 의해서 일어나기 때문에 간단하게 이야기할 수가 없는 것입니다.

『앙굿따라 니까야』의 「소금덩이 경」에는 같은 악업을 지었는데 왜 어떤 사람은 무거운 과보를 받고, 어떤 사람은 가벼운 과보를 받는지에 대한 부처님의 말씀이 있습니다.

조그만 컵에 담긴 물에 소금 한 줌을 넣으면 그 물은 너무 짜서 마실 수가 없습니다. 하지만 강물에 소금 한 줌을 집어넣으면 강물은 조금도 짜지지 않습니다. 만약 이생에 보시도 하지 않고, 계도 지키지 않고, 수행도 하지 않고 살았다면 사소한 악업으로도 다음 생에 악처에 갈 수 있습니다. 그러나 동일한 악업을 지었더라도 보시도 많이 하고, 계도 잘 지키고, 수행도 열심히 했다면 악처에는 가지 않습니다.

업은 서로 유기적으로 상호 작용하기 때문에 동일한 업을 지었더라도 꼭 같은 결과가 오는 것은 아닙니다. 그러니 자신이 이제까지 살면서 악업을 좀 지었다고 생각한다면 남은 삶의 기간 동안 열심히 선업을 지어야 합니다. 강물처럼 큰 선업을 지으면 소금의 짠맛과 같은 악업을 희석시켜 그 악업의 결과가 약해질 것입니다.

『밀린다왕문경』에도 돌과 나무를 악업과 선업에 비유한 이야기가 나옵니다. 나무로 아주 큰 배를 만들면 바윗덩어리도 싣고 떠다닐 수 있습니다. 큰 악업을 지었다 하더라도 아주 큰 선업을 지으면 그 선업이 악업을 희석할 수 있는 것입니다.

물론 업 중에는 도저히 피할 수 없는 것도 있습니다. 부처님 몸에 피를 내거나, 아라한을 죽이거나, 승가의 화합을 파하거나, 아버지를 죽이거나, 어머니를 죽이는 오무간업은 죄업의 바윗덩어리가 너무 크고 무거워서 아무리 크고 좋은 배를 만들어도 가라앉아 버립니다. 오무간업만 짓지 않았다면 악행을 저질렀다고 해도 이생에서 열심히 수행하면 적어도 악처에는 떨어지지 않을 수 있습니다.

이처럼 업은 고정불변한 것도 아니고 모든 것을 결정짓는 것도 아니라는 사실을 확실하게 이해해야 합니다. 획일적으로 이런 업을 지으면 이렇게 되고 저런 업을 지으면 저렇게 되는 것이 아니라 자기가 일생 동안 지은 업들이 유기적으로 상호 작용을 하는 겁니다. 모든 것이 이미 결정되어 있는 게 아니라 현생에 내가 어떻게 노력하느냐에 따라 업의 결과가 변할 수 있으니 업을 숙명론으로 이해하는 것은 상당히 잘못된 견해입니다.

● 업은 어디에 저장되어 있는 것이 아니다

불교 공부를 하다 보면 '업은 어디에 있는가, 어디에 저장되어 있는가?' 하는 의문이 생길 수 있습니다. 유식唯識학에서는 우리가 어떤 행위를 하고 나면 종자가 남아 아뢰야식에 저장된다고 합니다.°14 업종자 業種子라는 것이 있어 아뢰야식에 저장되어 있다가 어떤 인연을 만나면 표면 의식으로 나타난다는 것입니다.

그러나 부처님께서는 업이 어디에 저장되어 있다고 설명하지는 않으셨습니다. 우리가 어떤 행위를 하면 그때 일어난 마음이 업이 됩니다. 이 마음은 일어났다가 사라질 뿐 어디에 저장되지는 않습니다. 하지만 나중에 적당한 조건이 형성되면 업의 잠재력인 업력이 업의 결과를 맺습니다.

업력은 씨앗이 가진 잠재력과 같습니다. 씨앗의 잠재력이 적당한 토양, 햇볕, 물 등의 조건을 갖추면 열매라는 결과를 맺습니다. 하지만 씨앗이 가진 잠재력이 씨앗 속의 어디에 저장되어 있다가 결과를 맺는 것은 아닙니다. 단지 씨앗이 가진 가능성에 적당한 조건이 갖추어지면 열매를 맺는 것일 뿐입니다.

우리가 행한 모든 업이 잠재력인 업력으로 남아 있다가 조건이 형성되기만 하면 언제라도 결과가 일어난다는 초기불교의 설명과 업종자가 아뢰야식에 저장되었다가 어떤 조건이 형성되면 결과가 일어난다고 하는 유식학의 설명은 근본적인 측면에서 보면 아주 다른 이야기는 아닙니다. 어쩌면 유식학에서 설명하는 것이 더 이해하기 쉬울 수도 있습니다.

그러나 초기불교에서 업의 잠재력인 업력이 어딘가에 저장되어 있다가 결과를 맺는 것으로 설명하지 않는 데에는 이유가 있습니다. 유식학처럼 아뢰야식을 설정하게 되면 아뢰야식을 고정불변의 실체인 것처럼 오해할 가능성이 있기 때문입니다. 자아가 있다는 유신견에 빠질 위험이 있기 때문에 초기불교에서는 아뢰야식을 설정하지 않고 조건으로써 업과 업의 결과의 관계를 설명하는 것입니다.

보통 유식에서 이야기하는 아뢰야식이 마음 밑바탕에서 계속 흘러가는 것으로 잘못 알고 있는 경우가 많습니다. 마치 아뢰야식이 밑바탕에 바다처럼 항상 있고, 거기서 안식·이식·비식·설식·신식인 전오식前五識과 제육식인 의식, 제칠식인 말나식이 파도처럼 일어나는 것으로 알고 있습니다.

사실 유식학에서 말하는 아뢰야식도 찰나생 찰나멸입니다. 의식은 일어나고 사라지지만 그 밑바탕에 아뢰야식이 끊이지 않고 항상 존재하는 것이 아니라 아뢰야식도 일어났다 사라진다는 것입니다. 이것이 원래 유식에서 이야기하는 것인데 그렇게 바르게 알고 있는 사람이 많지 않은 것 같습니다.

업의 분류

업은 결과를 생산하는 장소에 따라, 성숙하는 시간에 따라, 결과를 생산하는 순서에 따라, 기능에 따라 각각 네 가지로 나눌 수 있습니다.

● **결과를 생산하는 장소에 따른 분류**

업은 그 결과를 생산하는 장소에 따라 욕계 불선업 · 욕계 선업 · 색계 선업 · 무색계 선업으로 나눌 수 있습니다. 이렇게 이름 붙인 이유는 이런 업들이 욕계 악처나 욕계 선처 또는 색계나 무색계에 태어나게 하는 원인이 되기 때문입니다.

욕계 불선업
욕계 불선업은 악처에 태어나는 원인이 됩니다. 불선업에는 신업身業·구업口業·의업意業이 있습니다. 다시 말해서 몸으로 짓는 업, 입으로 짓는 업, 뜻으로 짓는 업을 말합니다. 살아 있는 것을 의도적으로 죽이는 살생, 주지 않은 것을 가져가는 도둑질, 배우자가 아닌 다른 이성과 사음邪淫을 할 때의 의도는 몸으로 짓는 업입니다. 거짓말, 이간질하는 말, 거친 말, 쓸데없는 말을 할 때의 의도는 입으로 짓는 업입니다. 강한 탐욕인 집착, 강한 성냄인 적의, 그릇된 이치에 대한 집착인 사견邪見은 뜻으로 짓는 업입니다. 불선업에는 이외에도 여러 가지가 있을 수 있지만 여기 나오는 열 가지 불선업은 내생에 악처에 재생연결식을 생산할 만큼 강력한 것들을 모아 놓은 것입니다.

살생이나 도둑질, 사음과 같은 신업도 큰 과보를 가져오지만 구업도 매우 지중한 업입니다. 어떤 비구가 두 비구를 이간질한 업으로 다음 생에 돼지 아귀로 태어나는 이야기가 있습니다. 절친한 두 비구를 이간질해서 헤어지고 괴롭게 만든 업으로 지옥에 가고 나중에는 흉측한 아귀로 태어나 고통 받는다는 이야기입니다(『법구경 이야기』, 게송 281번).

뜻으로 짓는 업, 즉 의업에는 세 가지가 있습니다.

집착은 강한 탐욕을 말합니다. 탐욕이 강하면 자신의 탐욕을 채우기 위해 타인을 해치기도 하고 심지어 죽이기까지 합니다. 마약, 총기류, 독약 등을 팔고 인신매매를 하는 등 타인의 삶을 파괴하는 행위를 서슴지 않습니다.

적의는 남을 해치고 세상을 파괴할 수 있습니다. 세상이 마음에 안 든다고 아무에게나 총을 난사하는 경우도 있고, 성냄이 밖으로 극대화되면 전쟁을 일으킬 수도 있습니다. 또한 성냄이 자기 자신을 향하면 우울증에 걸릴 수도 있고, 그것이 심해지면 자살까지 할 수도 있습니다.

사견 중에 대표적인 것으로는 단견斷見과 상견常見을 들 수 있습니다. 인과가 없고 죽으면 끝이라고 생각하는 것이 단견이고, 영원한 자아나 영혼이 있다고 생각하는 것이 상견입니다. 모든 현상은 조건 따라 일어난다는 연기의 입장에서 보면 상견과 단견 두 가지가 다 사견이지만, 인과를 부정하고 죽으면 끝이라고 생각하는 단견이 영혼이 있다고 생각하는 상견에 비해 훨씬 더 위험합니다.

영혼이 있다고 생각하는 사람은 내생에 천국에서 태어나기 위해 선행도 하고 잘 살고자 노력하지만, 인과가 없고 죽으면 끝이라고 생각하는 사람은 함부로 살기 때문입니다. 캄보디아 내전에서 수백만 명을 학살한 폴 포트 같은 사람이 바로 단견을 가진 사람이라고 할 수 있습니다. 아무리 많은 사람을 죽여도 과보가 없다고 생각했기 때문에 그런 끔찍한 일을 저지른 것입니다.

우리는 불선업을 반복하지 않도록 조심해야 합니다. 불선업을 반복하는 것은 씨앗을 심고 계속 물을 줘서 그 씨앗을 자라게 하는 것과 같습니다. 불선한 마음이 일어났을 때 그것을 빨리 알아차리면 그 알아차리는 순간부터 선한 마음이 일어나므로 직전에 일어났던 불선한 마음의 세력이 약해집니다. 마치 끓어오르는 물에 찬물을 붓는 것과 같은 효과가 있습니다. 우리는 아직 아라한이 아니므로 불선한 마음이 일어나는 것은 어쩔 수 없지만 일어나는 순간 빨리 알아차려서 그것이 지속되지 않도록 차단하는 게 매우 중요합니다.

욕계 선업

욕계 선업의 기본은 보시를 하는 것과 계율을 지키는 것입니다. 보시를 하고 계율을 지키는 삶을 살면 인간계나 천상계에 태어날 수 있습니다. 보시를 해서 욕계 천상계에 태어난 예는 무척 많습니다. 어떤 사람은 사탕수수 한 줄기, 무 한 조각을 보시한 것으로, 어떤 사람은 단지 거짓말을 하지 않고 진실만을 말한 것으로 천상계에 태어났다고 합니다(『법구경 이야기』, 게송 224번). 이처럼 사소한 보시를 하거나 한 가지 계율을 지키는 것만으로도 선업의 재산이 늘어 천상계에 태어나는 과보를 받을 수 있습니다.

보시와 지계를 바탕으로 선정 수행과 지혜 수행을 하면 더욱 큰 선업을 쌓습니다. 이런 수행은 선업을 폭발적으로 증가시키기 때문입니다. 완전한 선정 또는 삼매에 들지 못하더라도 강한 집중을 닦는 수행은 매우 뛰어난 욕계 선업입니다. 그렇기 때문에 욕계 선처에 태어날 수 있는 강력한 원인이 됩니다.

물론 지혜 수행을 하는 것도 훌륭하고 강력한 욕계 선업입니다. 어떤 현상을 있는 그대로 알아차리면 그 알아차림을 통해 현상들이 끊임없이 일어나고 사라진다는 것을 보게 되고 무상無相·고苦·무아無我에 대한 통찰이 이어집니다. 이처럼 깊은 통찰의 지혜가 일어나는 것은 가장 뛰어난 욕계 선업입니다.

욕계 선업은 우리가 욕계 선처에 태어날 수 있게 해 주는 원인이 됩니다.

색계 선업과 무색계 선업

색계 선업은 색계에 태어나게 하는 원인이 되는 선업이고, 무색계 선업은 무색계에 태어나게 하는 원인이 되는 선업입니다. 색계나 무색계에 태어나려면 반드시 선정 수행을 해서 색계 선정이나 무색계 선정을 얻어야 합니다.

색계 선정에는 색계 초선·이선·삼선·사선의 네 가지가 있고, 무색계 선정에는 공무변처·식무변처·무소유처·비상비비상처의 네 가지가 있습니다. 색계 네 가지 선정이 바로 색계 선업이고, 무색계 네 가지 선정이 무색계 선업입니다.

완전한 선정에 들지 못하고 선정을 계발할 때의 마음은 색계 선업이 아니고 단지 욕계 선업에 해당합니다.

● **기능에 따른 분류**

업을 기능에 따라 분류하면 생산업·돕는업·방해업·파괴업의 네 가지로 나눌 수 있습니다. 생산업은 자신의 결과를 생산하는 업입니다. 돕는업은 생산업이 자신의 결과를 적합하게 생산할 수 있도록 도와주는 업이고, 방해업은 생산업이 자신의 결과를 적합하게 생산하지 못하도록 방해하는 업입니다. 파괴업은 생산업이 결과를 생산하는 것을 단번에 소멸시키는 업입니다.

생산업은 우리가 윤회하는 데 주된 역할을 하는 지도자와 같습니다. 지도자가 있으면 그 지도자를 도와주는 사람도 있고, 방해하는 사람도 있고, 아예 지도자 역할을 빼앗아 버리는 사람이 있는 것과 마찬가지로 돕는업, 방해업, 파괴업이 각각 작용을 합니다.

생산업

생산업은 직접적으로 결과를 생산하는 업입니다. 여러 업 중에서 가장 강력한 힘을 가진 업이라고 할 수 있습니다. 생산업은 '재생연결식'과 '과보의 마음', '업을 조건으로 생긴 물질'을 일어나게 합니다.

재생연결식은 이생에서 죽어 다음 생으로 윤회할 때 그 생에서 최초로 일어나는 의식意識을 말합니다. 그 재생연결식을 일어나게 하는 업은 생산업 중에서도 가장 강력한 업입니다.

과보의 마음은 재생연결식이 일어난 이후 삶의 과정에서 일어나는 마음 중 전생의 업에 의해 일어나는 마음을 말합니다. 과보의 마음의 대표적인 것은 안식·이식·비식·설식·신식의 다섯 가지 의식인데, 과보의 마음을 일으키는 것도 생산업입니다. 전생에 선업을 많이 지은 사람은 의도하지 않게 안식을 통해 원하는 형색을 많이 경험하고, 신식을 통해 몸의 행복을 많이 경험하게 됩니다. 이와 반대로 악업을 많이 지은 사람은 의도하지 않게 안식을 통해 원하지 않는 형상을 많이 경험하고, 신식을 통해 몸의 고통을 많이 경험합니다.

또한 생산업은 업을 조건으로 해서 생긴 물질을 일어나게 합니다. 업을 조건으로 생긴 물질들은 우리의 눈·귀·코·혀·몸 등을 형성합니다. 전생의 업이라는 조건이 없다면 우리의 몸은 형성되지 않을 것입니다.

건강하지 못한 사람으로 태어난 경우를 생각해 봅시다. 사람의 몸을 받은 것은 전생에 지은 선업이 재생연결식을 일으키는 생산업으로 작용했기 때문입니다. 사람의 몸을 받기는 했지만 약한 몸으로 태어난 것은 전생에 지은 불선업이 생산업으로 작용해 건강하지 못한 업 생성 물질을 생산했기 때문입니다.

돕는업

돕는업은 스스로 결과를 생산하지는 못하지만, 생산업이 결과를 생산하도록 도와주는 역할을 합니다. 보통 선업의 결과를 선업이 돕고, 불선업의 결과를 불선업이 돕는 것으로 나타납니다. 선업을 많이 지으면 그 선업 중에 강력한 것들이 생산업이 되고, 나머지 선업들은 우리 삶을 풍요롭게 하는 돕는업으로 작용해서 행복한 삶을 살 수 있습니다. 그러니 선업은 많이 지을수록 좋습니다. 그것이 꼭 생산업으로 작용하지 않더라도 돕는업으로 작용하기 때문입니다.

재생연결식을 일으키는 생산업이 선업이면 인간으로 태어날 수 있습니다. 인간으로 태어났을 뿐만 아니라 재산도 많고, 주위에 좋은 친구도 많고, 좋은 약을 얻어서 건강하고 행복하게 사는 것은 전생의 다른 선업들이 돕는업으로 작용하기 때문입니다. 재산이나 좋은 친구, 좋은 약 등은 업이 직접적으로 생산하는 것은 아닙니다. 이 경우는 선업이 생산업으로 작용한 것은 아니지만 삶이 행복하도록 도와주는 돕는업으로 작용한 것입니다.

또한 무슨 일을 해도 잘되고 어려운 일도 술술 풀리는 것도 생산업뿐 아니라 돕는업들이 여러 가지 형태로 작용을 해 주기 때문입니다. 선업 때문에 사람 몸을 받았더라도 돕는업의 힘이 강해야 사는 것이 편안할 수 있습니다.

이와 반대로 불선업을 많이 지으면 그 불선업 중에 강력한 것들이 생산업이 되고, 나머지 불선업들은 삶을 궁핍하고 괴롭게 하는 돕는업으로 작용합니다. 예를 들어 개로 태어나는 것은 불선업이 재생연결식을 일으키는 생산업으로 작용했기 때문입니다. 그런데 개로 태어났을 뿐만 아니라 주인을 잘못 만나고, 좋은 음식을 얻을 수 없어서 더욱 괴로운 삶을 살 수 있습니다. 이것은 전생에 지은 다른 불선업들이 돕는업으로 작용하기 때문입니다.

방해업

방해업은 스스로 결과를 생산하지는 못하지만, 생산업이 결과를 생산하는 것을 누르고 방해하는 역할을 합니다. 보통 선업의 결과를 불선업이 방해하거나 불선업의 결과를 선업이 방해하는 형태로 나타납니다.

사람으로 태어났지만 몸이 아프거나 약을 얻지 못하고, 재물이 없거나 직장에서 상사를 잘못 만나 괴롭힘을 당하는 경우가 있습니다. 이는 선업이 재생연결식을 일으키는 생산업으로 작용해 사람으로 태어났더라도 그것을 방해하는 불선업이 많기 때문입니다. 불선업인 방해업이 많으면 비록 사람으로 태어났더라도 매우 괴로운 삶을 살게 됩니다.

반대의 경우도 마찬가지입니다. 불선업이 재생연결식을 일으키는 생산업으로 작용해서 축생인 개로 태어났더라도 전생에 지은 선업이 불선업의 결과가 나타나는 것을 방해하는 방해업으로 작용할 수 있습니다. 선업인 방해업이 많으면 비록 개로 태어났더라도 좋은 주인을 만나 좋은 음식과 잠자리를 제공받으면서 편안하게 살아갈 수 있는 것입니다.

파괴업

다른 업이 결과를 생산하는 것을 단번에 소멸시키는 역할을 하는 업을 파괴업이라고 합니다. 수명이 다하지 않았는데도 불시에 죽는 경우 파괴업이 작용한 것이라고 볼 수 있습니다.

우리가 죽음을 맞게 되는 원인에는 네 가지가 있습니다. 수명이 다해서 죽는 경우, 생산업이 다해서 죽는 경우, 수명과 생산업이 다해서 죽는 경우, 아직 수명도 다하지 않았고 생산업도 다하지 않았는데 파괴업이 작용해서 죽는 경우입니다. 불의의 사고로 죽는 경우는 대부분 이생에 태어나게 했던 생산업이 결과를 생산하는 것을 파괴하는 파괴업이 작용했기 때문입니다.

　부처님의 사촌이었던 데와닷따는 불선업이 파괴업으로 작용해 선업의 결과를 파괴한 대표적인 경우입니다. 데와닷따는 출가해서 색계 선정을 얻어 신통까지 생긴 사람입니다. 선정은 선업 중에서도 아주 강한 선업입니다. 이렇게 강한 선업을 지은 사람이었지만 부처님을 질투하는 불선한 마음 때문에 부처님 몸에 피를 내고 승가를 분열시키는 큰 악업을 저질렀습니다. 이 때문에 자신이 얻었던 선정이 사라져 선업이 결과를 생산하지 못하고 악업의 결과인 무간지옥에 떨어졌습니다. 바로 선업의 결과가 파괴되고 불선업의 결과가 나타난 것입니다.

　반대로 선업이 파괴업으로 작용해 불선업을 파괴한 대표적인 예는 앙굴리말라입니다. 앙굴리말라는 사람을 1,000명 죽이면 해탈을 할 수 있다는 삿된 스승의 꾐에 빠져 999명의 사람을 죽였습니다. 앙굴리말라는 마지막 1,000명 째 사람으로 어머니를 죽이게 될 상황이었습니다.

　그것을 미리 아신 부처님께서는 앙굴리말라가 어머니를 만나기 전에 먼저 가셔서 그를 교화하십니다. 부처님의 가르침을 들은 앙굴리말라는 출가했고 열심히 수행하여 결국 아라한이 되었습니다. 그가 아라한이 되자마자 다음 생에 악처에 태어나게 할 불선한 업의 과보는 파괴되었습니다. 아라한이 되면 다시 태어나지 않기 때문에 살생을 한 불선업이 자기 결과를 생산할 기회가 없어져 버리기 때문입니다.

물론 앙굴리말라는 그 생에 자신이 지은 불선업의 과보를 받아 탁발을 나갈 때마다 사람들이 던진 돌에 맞아 고통을 받았고, 결국에는 돌에 맞아 죽게 됩니다. 하지만 탐貪·진瞋·치癡를 완전히 소멸한 아라한이 되었으므로 다음 생에 나타날 불선업의 결과가 파괴된 것입니다.

● **결과를 생산하는 순서에 따른 분류**

여러 가지 업 중에서 재생연결식을 일으키는 생산업으로 작용할 가능성이 가장 큰 업은 무거운 업이고, 그 다음이 임종 가까이 지은 업, 그 다음이 습관적인 업, 그 다음이 이미 지은 업입니다.

무거운 업

무거운 업은 내생에 재생연결식을 일으킬 가능성이 가장 큰 업입니다. 선업 중에서 무거운 업은 색계 선정의 마음이나 무색계 선정의 마음입니다. 색계 선정을 얻으면 다음 생에 색계에 태어날 수 있는 강한 원인이 되고, 무색계 선정을 얻으면 무색계에 태어날 수 있는 강한 원인이 됩니다.

불선업 중에서 무거운 업은 오역죄五逆罪입니다. 이것은 다음 생에 반드시 무간지옥에 떨어지는 업이라고 해서 오무간업이라고도 합니다. 오무간업을 지으면 설사 선정을 얻었다 해도 그 선업이 다음 생을 생산하는 생산업이 되지 못하고 무간지옥에 떨어집니다. 앞서 이야기한 데와닷따가 대표적인 예입니다.

한편 마가다국의 아자따삿뚜 왕자는 데와닷따에게 현혹당해서 아버지인 빔비사라 왕을 죽이고 자기가 왕이 됩니다. 나중에 부처님을 만나 참회하고 독실한 불자가 되었지만 아버지를 죽인 과보는 어쩔 수가 없었습니다. 부처님께 진실한 믿음을 가졌지만 그 생에는 어떤 선정도, 깨달음도 얻을 수 없었을 뿐만 아니라 죽어서 소지옥에 떨어졌습니다. 부처님께 진실한 믿음을 일으켰던 선업이 무간지옥으로 떨어지게 할 불선업에 방해업으로 작용해 무간지옥에 떨어지는 것은 면했지만 그래도 지옥에 떨어지는 것 자체를 면하지는 못한 것입니다.

목갈라나 존자의 일화도 있습니다. 부처님 당시에 외도外道들에게는 보시가 들어오지 않고 불교 승단에만 보시가 많이 들어오자 외도들이 그 원인을 알아보았습니다. 그랬더니 목갈라나 존자가 수시로 욕계 천상계 중의 하나인 삼십삼천에 올라가서 그곳의 천인들에게 "어떤 업을 지어서 천상에 태어났느냐?"고 물어보고, 또 지옥에 가서도 "어떤 악업을 지어서 여기 왔느냐?"고 물어본 다음 인간 세상으로 돌아와 사람들에게 그 이야기를 들려준다는 것이었습니다.

이 이야기를 듣고 신심을 낸 사람들이 불교 승단에 보시를 많이 하는 것으로 판단한 외도들은 강도들을 시켜 목갈라나 존자를 죽이려고 합니다. 하지만 신통이 뛰어난 목갈라나 존자는 첫 번째, 두 번째 시도를 무사히 넘깁니다. 그런데 세 번째로 강도들이 찾아온 순간 전생의 악업이 성숙하면서 신통을 잃어버려 강도들에게 온몸의 뼈가 으스러지도록 맞았습니다.

　그가 죽었다고 생각한 강도들이 가 버리자 목갈라나 존자의 신통이 다시 돌아와 그 힘으로 다시 몸을 추슬렀습니다. 하지만 너무 심하게 다쳐 곧 죽게 될 것임을 알고는 부처님께 인사를 드리러 갑니다. 아라한은 다시는 태어나지 않으므로 부처님께 마지막으로 작별 인사를 드리고자 간 것입니다.

　이 사건이 당시 사회에 아주 큰 반향을 일으켰다고 합니다. 사리뿟다 존자가 부처님의 오른팔이라면 목갈라나 존자는 왼팔이라고 할 수 있는데, 그 같은 부처님의 상수제자가 왜 저런 비참한 죽음을 맞았는지 사람들은 의아해 했습니다. 그래서 사람들이 부처님께 여쭈어 보았더니 목갈라나 존자는 아주 오랜 겁 전에 자기 부모를 살해한 악업이 있었다는 것입니다.

　목갈라나 존자가 장님인 부모님을 모시고 살다가 결혼을 했는데 아내가 처음 며칠은 늙고 눈먼 부모를 잘 모시는 척하더니 나중에는 부모님을 계속 구박하고 남편한테 더 이상 못 살겠다고 불평을 했습니다. 그래도 남편이 말을 듣지 않으니 일부러 집을 엉망으로 어질러 놓고는 부모님이 제정신이 아니라고 거짓말을 하고 도저히 더 이상 모시지 못하겠다고 하며 남편을 괴롭혔습니다. 그러자 목갈라나 존자는 친척 집에 가자고 부모님을 속여서 숲으로 데리고 간 다음 마치 강도가 나타난 것처럼 위장해서 자기 부모를 죽입니다.

　『붓다왕사』[15]에 보면 부처님의 상수제자가 되려면 전생에 1

아승지 10만 대겁 동안 바라밀을 닦아야 한다고 합니다. 그렇게 셀 수 없이 긴 세월 동안 많은 바라밀을 닦은 목갈라나 존자 같은 사람도 부인이 계속 바가지를 긁자 결국은 참지 못하고 자기 부모를 죽인 것입니다. 물론 목갈라나 존자는 그 과보로 무간지옥에 떨어졌고 그 후로 100생 동안 죽을 때마다 뼈가 가루처럼 부서져서 죽는 과보를 받았다고 합니다. 마지막 생에 아라한이 되고 부처님의 상수제자가 되었지만, 그 생에도 역시 뼈가 가루처럼 부서져 죽는 과보를 면할 수 없었던 것입니다.

임종 가까이 지은 업

두 번째로 중요한 것은 임종 가까이 지은 업입니다. 선정의 마음이나 오무간업같이 무거운 업이 없는 경우는 임종 가까이에 지은 업이 먼저 작용합니다. 마치 문에서 멀리 있는 사람보다 문 바로 앞에 있는 사람이 더 빨리 문밖으로 나갈 수 있는 것과 같습니다. 임종 가까이 지은 업은 다음 생으로 가는 문인 죽음 가까이에 있기 때문에 과보를 생산할 가능성이 높습니다. 그러므로 주위에 나이 많은 어른들이 계시면 돌아가시기 전에 선업을 많이 지으실 수 있도록 도와드려야 합니다.

경전에 보면 임종 가까이 지은 업으로 내생의 행로가 바뀐 예가 나옵니다. 바로 맛타꾼달리라는 어린 남자아이의 이야기입니다. 맛타꾼달리는 '평평한 금 귀걸이를 달고 다니는 아이'라는 뜻입니다. 아버지 이름은 아딘나뿝빠까였는데 '한 번도 준 적이 없는 자'라는 뜻입니다.

이 아이가 황달에 걸렸는데 아버지는 돈이 아까워서 아들을 의사에게 데려가지 않고 이 의사 저 의사 찾아가 치료 방법만 묻고 다녔습니다. 그러는 동안 아이의 병은 점점 나빠져 도저히 치료할 수 없는 상태까지 가 버렸습니다. 아버지는 아들이 집에서 죽으면 문상객들이 찾아와 음식을 대접해야 하니 그것도 아까워 죽어 가는 아들을 문밖에 내다 놨습니다.

문밖에서 죽어 가던 아이는 멀리서 탁발을 하러 나오신 부처님을 보았고, 그 순간 청정한 신심이 일어나 부처님께 귀의했습니다. 죽기 직전에 부처님을 보고 청정한 신심을 일으킨 이 아이는 좌우에 천녀 500명씩을 거느리고 큰 궁전을 가진 천인으로 욕계 천상인 삼십삼천에 태어났습니다(『법구경 이야기』, 게송 2번).

비록 살면서 별다른 선행을 하지 않았더라도 죽기 직전 부처님께 청정한 신심을 낸 공덕으로 이렇게 천상에 태어날 수 있었던 것입니다. 죽기 바로 전에 지은 업이 이렇게 중요합니다.

띳사 장로 이야기는 그 반대의 경우입니다. 띳사 장로는 출가해서 열심히 수행하던 스님이었습니다. 어느 날 좋은 가사를 보시받자 그 가사가 너무 마음에 들어 '내일 이 가사를 입어야지.' 하고 마음이 설레었습니다.

그런데 그날 밤 장로는 먹은 음식이 체해서 갑자기 죽고 말았습니다. 띳사 장로는 스님으로 살면서 선행을 많이 했지만 죽기 바로 직전에 가사에 집착하는 불선한 마음이 일어났기 때문에 축생의 과보를 받아 가사에 붙어 사는 이로 태어났습니다.

스님이 자신의 필수품을 누군가에게 주라는 말 없이 죽으면 스님이 소유하던 가사는 승가의 소유가 되고 다른 비구들이 나누어 가질 수 있습니다. 그런 관습에 따라 승가의 비구들이 가사를 나눠 가지려고 할 때 부처님이 천이통으로 비명 소리를 들으셨습니다. 가사에 붙은 이가 "이 비구들이 내 가사를 빼앗아 간다."라고 외치는 소리를 들으신 것입니다. 그래서 비구들에게 그 가사를 일주일 동안만 가만히 놔두라고 지시하셨습니다.

띳사 장로는 죽기 전에 가사에 집착한 과보 때문에 이로 태어났지만, 일주일 후에 수명이 다해서 죽자 이번에는 이전에 지었던 선업이 작용해서 도솔천에 태어났습니다. 만일 부처님이 가사를 나누지 말라는 말씀을 안 해서 다른 비구들이 가사를 가져갔더라면 이로 태어난 띳사 장로는 다른 비구들한테 원한을 품었을 겁니다. 그랬다면 또다시 악처에 태어났을 것입니다(『법구경 이야기』, 게송 240번).

이처럼 죽기 직전에 일어나는 마음은 매우 중요합니다. 죽기 전에 염불을 열 번 하면 극락세계에 간다는 말도 임종 가까이 지은 업이 중요하기 때문에 나온 말입니다. 죽기 전에 정신을 바짝 차리고 죽을 수 있다면 악처에 떨어질 가능성은 별로 없습니다. 그렇게 하려면 항상 깨어 있는 수행을 하는 습관이 있어야 합니다.

평소에 수행을 잘했으면 죽기 전 악처에 떨어질 징조가 나타나더라도 정신을 바짝 차려 빨리 선업을 기억해 악처에 떨어지는 것을 막을 수 있습니다. 죽음 직전에 자기가 지은 선업을 떠올리면 선한 마음이 일어나고, 태어날 곳이 선처로 바뀔 수 있다는 겁니다. 아라한인 소나 존자의 아버지가 그런 예입니다.

소나 존자의 아버지는 젊은 시절부터 사냥으로 생계를 유지하다가 늙어서 출가를 했습니다. 나이가 들어 죽음이 임박하자 큰 개들이 자신을 물려고 하는 형상이 자꾸 보였습니다. 아버지는 그것을 보고 "아들아, 쫓아라, 쫓아라!" 하고 외쳤습니다. 그것이 지옥에 태어날 표상임을 안 소나 존자는 '아라한인 아들이 어찌 아버지가 지옥에 떨어지는 것을 그냥 둘 수 있겠는가.'라고 생각하며 아버지를 구하고자 합니다.

그래서 어린 사미승에게 꽃을 구해 오게 해 불탑의 뜰에 꽃을 공양 올리고 침대에 누운 아버지를 탑 아래로 모셨습니다. 그러고는 "아버지를 위해 부처님께 꽃을 공양 올렸습니다. 부처님께 예배하십시오."라며 격려했습니다. 그러자 아버지는 신심과 환희심이 일어났고 그 순간 개가 아닌 천녀들의 형상을 보았습니다. 이것은 천상에 태어날 표상입니다. 아버지는 "아들아, 비켜라. 너의 새엄마들이 온다."라고 꿈결인 듯 말하며 죽음을 맞이했고 천상에 태어났습니다. 이처럼 살면서 악업을 많이 지었더라도 죽음에 임박해 큰 선업을 짓는다면 선처에 태어날 수 있습니다.

습관적으로 지은 업

무거운 업과 임종 가까이 지은 업 다음으로 과보를 생산하기 쉬운 업은 습관적으로 지은 업입니다. 이 업은 살면서 반복해 지어 습관이 된 업을 말합니다. 습관적으로 동물을 죽이거나, 타인의 물건을 훔치거나, 화를 내거나, 욕심을 부리거나, 게으름을 피우는 것들이 습관적으로 짓는 불선업에 해당합니다. 이와 반대로 항상 보시를 하거나, 매일매일 계율을 잘 지키거나, 선정 수행이나 지혜 수행을 하는 것 등은 습관적으로 지은 선업에 해당합니다.

『청정도론』[16]에서는 습관적으로 지은 업이 죽음 직전에 지은 업보다 더 강하다고 합니다. 하지만 결과를 생산하는 순서로 보면 죽음 직전에 지은 업이 과보를 먼저 생산하기가 쉽습니다. 마치 문에 가까이 서 있는 힘없는 소가 문에서 멀리 떨어져 있는 힘센 소보다 밖으로 나오기 쉬운 것과 같습니다.

이미 지은 업

무거운 업, 임종 가까이 지은 업, 습관적으로 지은 업을 제외한 업을 이미 지은 업이라고 합니다.

이생에 다음 생을 생산할 만한 뚜렷한 업이 없다면 과거 생에 이미 지었던 수많은 업 중 가장 적당한 업이 생산업으로 작용해 다음 생을 생산합니다. 비록 현생에 지은 업이 다음 생에 결과를 이끌어 내지 못하더라도 그 업은 이미 지은 업이 되어 수많은 세월이 흐른 뒤에 과보를 생산할 수 있다는 것을 알아야 합니다. 이것이 의미하는 것은 윤회가 계속되는 한 우리가 지은 업의 과보를 피할 방법은 없다는 것입니다. 아라한이 되어야 더 이상 윤회가 일어나지 않아 업의 과보에서 완전히 벗어날 수 있습니다.

- ## 성숙하는 시간에 따른 분류

업은 과보를 생산하는 시간에 따라 이생에 바로 과보를 생산하는 업, 다음 생에 과보를 생산하는 업, 세 번째 생부터 아라한이 되는 생까지 과보를 생산하는 업, 효력을 상실한 업의 네 가지로 나눌 수 있습니다.

이생에 바로 결과를 생산하는 업

이생에 지은 업이 이생에 바로 과보를 생산하는 경우 이 업을 이생에 바로 결과를 생산하는 업이라고 말합니다.

빔비사라 왕에게 꽃을 바치려던 수마나라는 꽃 장수 이야기가 있습니다. 왕에게 꽃을 올리려고 가던 수마나는 부처님이 지나가는 것을 보고 너무나 큰 신심이 나서 그 꽃을 부처님께 바치고 싶은 마음이 일어났습니다. 당시에는 왕에게 바칠 꽃을 함부로 가로채면 죽음을 각오해야 했습니다. 그러나 수마나는 '나를 죽이거나 왕국에서 추방한들 어떤가. 왕이 나에게 어떤 재물을 주더라도 그것은 이생에 있을 때만 유용할 뿐이다. 그러나 부처님께 꽃을 바치면 셀 수 없는 세월 동안 복이 되어 돌아올 것이다.'라고 생각했습니다.

그래서 수마나는 꽃을 왕에게 가져가지 않고 부처님께 공양 올립니다. 부처님은 그 공양을 받으시고 "이 사람은 자기 목숨을 걸고 보시를 했다. 이 과보로 10만 겁 동안 악처에 태어나지 않고 결국에는 벽지불이 될 것이다."라고 하셨습니다. 그 이야기를 전해들은 빔비사라 왕도 수마나에게 팔종포상이라 하여 코끼리 여덟 마리, 말 여덟 마리, 남자 노예 여덟 명, 여자 노예 여덟 명 등 여덟 가지 종류의 상을 내렸다고 합니다. 수마나는 목숨을 걸고 부처님께 꽃을 바친 공덕으로 그 생에서 바로 부자가 되었으며, 다음 생부터 10만 겁 동안 악처에 떨어지지 않는 과보를 받았습니다. 이것이 선업이 이생에 바로 과보를 생산한 경우입니다(『법구경 이야기』, 게송 68번).

반대로 불선업이 이생에 바로 과보를 생산하는 경우를 들어보겠습니다. 난다라는 백정은 항상 소를 죽여 생업을 유지했습니다. 어느 날 자신이 먹는 음식상에 고기반찬이 없자 난다는 살아 있는 소의 혀를 잘라서 불에 구워 먹었습니다. 이때 난다의 살생업이 무르익으면서 바로 자신의 혀가 잘리는 과보를 받았습니다. 이처럼 자신이 지은 선업이나 불선업이 이생에서 바로 과보를 생산할 수도 있습니다.

내생에 결과를 생산하는 업

이생에 지은 업이 내생에 과보를 생산하는 경우 이 업을 내생에 결과를 생산하는 업이라 말합니다. 예를 들어 데와닷따는 부처님 몸에 피가 나게 하고 승가를 분열시키려 했습니다. 이것은 오무간업에 해당하는 무거운 불선업입니다. 무거운 불선업을 지은 사람은 내생에 확정적으로 지옥에 태어납니다. 이 같은 업이 내생에 결과를 생산하는 불선업입니다.

반대로 부처님 당시의 어떤 원숭이는 부처님께 꿀을 공양 올렸습니다. 꿀을 공양한 보시 공덕으로 이 원숭이는 다음 생에 욕계 천상인 삼십삼천에 태어났습니다. 이것이 이생에 지은 선업이 다음 생에 복보를 생산한 예입니다.

우리가 살다 보면 많은 악업을 저지르고도 이생에서 행복하게 잘살아가는 것 같은 사람들을 봅니다. 하지만 그것은 그 사람이 지은 불선업이 아직 성숙하지 않아서 그런 것이지 그 업이 결과를 맺지 않는 것은 아닙니다. 그렇게 계속 불선업을 짓는다면 이생에 나이가 들어서나, 아니면 내생에 반드시 불선업의 과보를 받게 된다는 것을 명심해야 합니다.

세 번째 생부터 아라한이 되는 생까지 끊임없이 결과를 생산하는 업

이 업은 윤회가 계속되는 한 결코 효력이 소멸되지 않고 과보를 낳을 수 있는 업을 말합니다. 받는 시기가 확정되어 있지 않지만 이 업의 과보로부터 누구도 벗어날 수 없습니다.

아난다[阿難] 존자는 탁발을 나가면 다른 스님들에 비해 공양을 많이 받아왔습니다. 사람들이 그 이유를 부처님께 여쭈어 보니 그것은 아난다 존자가 전생에 지은 선업 때문이라고 하셨습니다. 아난다 존자는 아주 오랜 전생에 물에 떠내려가는 개미 떼를 구해 준 적이 있었습니다. 그때 구해 준 개미 떼가 오랜 세월 윤회하다가 부처님 당시에 사람으로 태어나서 아난다 존자에게 많은 보시를 한다는 것입니다. 비록 오랜 전생에 지은 선업이지만 적당한 때가 되어 인연이 성숙하면 그 업의 과보를 생산하는 것입니다.

번뇌를 소멸해 더 이상 새로운 업을 짓지 않는 부처님이나 아라한이라고 할지라도 과거 생에 지은 업이 과보를 생산하는 것은 피할 수가 없습니다. 부처님도 오랜 전생에 레슬링 선수였을 때 상대의 등뼈를 부러뜨린 적이 있었습니다. 그 불선업의 과보로 부처님도 노년에 등의 통증으로 고통을 겪으셨습니다.

이처럼 업의 결과는 이생에 바로 나타날 수도 있고, 내생이나 여러 생에 걸쳐 인연이 무르익었을 때 나타날 수도 있습니다. 우리가 지은 업의 과보가 당장 일어나지 않는다고 해서 그 업이 사라졌다고 생각하면 안 됩니다. 아직 인연이 무르익지 않아 과보가 나타나지 않는 것이지 업이 사라진 것은 아닙니다.

효력을 상실한 업

업을 지었지만 그 과보를 가져올 조건을 만나지 못해 업의 효력이 소멸되는 경우도 있습니다. 이번 생에 결과를 생산할 업이 적당한 조건을 만나지 못한 채 이번 생이 끝나면 효력을 상실한 업이 됩니다. 다음 생에 결과를 생산할 업이 조건을 만나지 못한 채 다음 생이 끝나면 효력을 상실한 업이 됩니다. 세 번째 생부터 아라한이 되는 생까지 결과를 생산할 업은 아라한이 되어 열반에 들면 자신의 결과를 생산할 조건을 만나지 못하므로 효력을 상실한 업이 됩니다. 이처럼 효력을 상실한 업은 자신의 과보를 생산할 기회를 만나지 못한 업을 말합니다.

예를 들어 앙굴리말라는 부처님 당시에 사람 999명을 죽이는 불선업을 지었지만 출가해 아라한이 되었습니다. 아라한은 다시 윤회하지 않으므로 그 생에 받아야 할 과보는 받게 되지만, 다음 생부터 받아야 할 과보는 받을 수가 없습니다. 이때 과보를 생산할 업은 효력을 상실한 업이 됩니다.

3장. 죽음 직전의 모습과 재생연결

죽음의 네 가지 원인

불교에서는 죽음의 원인을 크게 네 가지로 나눕니다. 수명이 다해 죽는 경우, 생산업이 다해 죽는 경우, 수명과 생산업 두 가지가 모두 다해 죽는 경우, 파괴업에 의해 죽는 경우입니다. 삶을 호롱불에 비유한다면 심지가 다하거나, 기름이 다하거나, 심지와 기름이 모두 다하면 불길이 꺼지고, 심지와 기름이 남아 있다 해도 고의로 꺼 버리거나 강한 바람이 불면 불길이 꺼지는 것과 같습니다.

태어난 세상의 정해진 수명이 다해 죽는 것은 호롱불의 심지가 다해 불이 꺼지는 것과 같습니다. 인간계는 수명이 정해져 있지 않아서 10세에서 셀 수 없이 긴 수명에 이르기까지 수명대가 증가와 감소를 반복합니다. 지금의 수명대는 100세 정도 됩니다. 업이 매우 강한 경우에는 좋은 음식과 좋은 약품을 만나 정해진 수명대를 넘겨 사는 경우도 있습니다. 깟사빠[迦葉] 존자, 아난다 존자는 120살까지 살았습니다.

모든 천상계는 수명의 최대치가 정해져 있습니다. 이를테면 욕계 천상인 사천왕천은 수명이 인간년으로 약 900만 년이고, 무색계의 비상비비상처는 약 8만 4,000대겁입니다. 이처럼 자신이 태어난 세상의 정해진 수명대를 다 살고 나면 죽음을 맞이하게 되는데 이것이 수명이 다해 죽는 경우입니다.

다음으로는 그 생을 생산한 업이 다해 죽는 경우입니다. 생산업이 강력하면 오래 살고, 생산업이 약하면 오래 살지 못합니다.

수명과 생산업 두 가지가 일치하는 경우도 있고, 일치하지 않는 경우도 있습니다. 호롱불에 심지가 남아 있어도 기름이 떨어지면 불이 꺼지는 것처럼 태어난 세계의 정해진 수명을 다 채우지 않았더라도 생산업이 다하면 죽게 되는 것입니다.

수명이 천상년으로 500년인 사천왕천에 태어난 경우, 자기 생산업이 강력하지 못하면 수명인 500년을 다 채우기 전에 업이 다해 죽음을 맞을 수도 있습니다. 반대로 500년을 살았는데도 생산업이 아직 남아 있으면 다시 한 번 더 그 세계에 태어날 수도 있습니다. 생산업도 다하고, 수명도 다해야 죽는 것이 아니라 생산업이 다해서 죽는 경우도 있고, 수명이 다해서 죽는 경우도 있는 것입니다. 그리고 두 가지가 일치해서 수명과 업이 모두 다해 죽는 경우도 있습니다. 이는 호롱불의 심지도 다하고, 기름도 다한 경우와 같습니다.

마지막으로 수명도 다하지 않고 생산업도 다하지 않았는데 죽음을 맞이하게 되는 것으로 이는 파괴업이 끼어든 경우입니다. 불의의 교통사고로 죽거나 길을 가다가 높은 곳에서 떨어진 벽돌에 머리를 맞아 죽는 것은 정말 예기치 못한 일입니다. 이런 것은 파괴업이 끼어들어 죽음을 맞이한 것입니다. 예를 들어 아라한이었던 아름다운 비구니 스님을 겁탈한 청년이 바로 지옥에 떨어진 경우도 파괴업이 작용한 것입니다. 아라한을 겁탈한 업이 청년의 생산업 작용을 파괴하고 지옥에 떨어지게 하는 파괴업으로 작용한 것입니다. 이렇게 파괴업이 끼어들어 갑자기 죽을 수도 있기 때문에 우리가 언제까지 살지는 아무도 장담할 수 없습니다. 하지만 반드시 죽는다는 것만은 너무도 분명한 사실입니다. 그러니 언젠가는 닥쳐올 죽음을 행복한 마음으로 맞이할 수 있도록 항상 준비해야 합니다.

죽음 직전의 모습

우리가 살아가면서 바깥 대상에 대한 인식과정이 일어나는 경우가 있고, 인식과정이 일어나지 않는 경우가 있습니다. 아침에 자고 일어났을 때나 깊은 잠에 빠졌을 때, 혹은 기절했을 때처럼 생각 없이 멍한 때가 있고, 이와는 반대로 눈·귀·코·혀·몸·마음의 문을 통해 형상·소리·냄새·맛·감촉·현상 들을 아는 일련의 마음이 연속해서 일어나기도 합니다.

그리고 마침내 이생에서의 마지막 마음이 일어납니다. 그 마음을 '죽음의 마음[cuti-citta]'°17이라고 하며, 죽음의 마음이 일어난다는 것은 죽는 것을 의미합니다. 이 죽음의 마음이 일어나기 직전에 이생에서 마지막으로 일어나는 인식과정을 '죽음 직전 인식과정'이라고 하고, 죽음의 마음이 일어난 직후 내생에서 처음으로 일어나는 마음을 '재생연결식'이라고 합니다. 죽음의 마음은 이생의 마지막 마음이고, 재생연결식은 다음 생의 첫 번째 마음입니다.

죽음의 마음이 일어나기 전 이생에서 마지막으로 일어나는 인식과정인 죽음 직전 인식과정은 윤회하는 존재들에게 매우 중요합니다. 죽음 직전 인식과정에 따라 축생으로 태어날지, 천상에 태어날지 등 윤회의 향방이 정해지기 때문입니다. 죽음 직전 인식과정에서 나타나는 어떤 대상이 있을 것입니다. 그 대상을 통해 이생이나 전생에 지었던 업 중 다음 생을 생산할 생산업이 드러납니다. 그리고 그 생산업이 무엇이냐에 따라 다음 생이 결정됩니다.

죽음 가까이 있는 인식과정에서 나타나는 업들은 하나가 아니라 여러 가지입니다. 우리가 살면서 지었던 업들 중 대표적인 업들이 죽음에 가까이 가면서 여러 형태로 나타나는 것입니다. 죽음에 가까이 가면서 여러 가지 업들이 서로 다음 생을 생산하는 생산업이 되기 위해 다투는 형국입니다. 그러나 결국 죽음 직전 인식과정에서 드러나는 업은 오직 하나입니다. 마치 엄청나게 많은 정자 가운데 가장 강력한 정자 하나만이 난자와 결합하는 것처럼, 수많은 업 중에서 가장 뚜렷한 업이 죽음 직전 인식과정의 대상으로 나타나는 것입니다.

이생에 살면서 수많은 업을 지었지만 그중에서도 특별히 강력했던 업이 있을 것입니다. 선업 중에서도 뚜렷하게 지은 업, 불선업 중에서도 뚜렷하게 지은 업들이 죽음 직전에 서로 자기 결과를 생산하려고 힘겨루기를 하다가 가장 강한 업이 마지막까지 남아 다음 생을 생산합니다. 만약 이생에 지은 뚜렷한 업이 없으면 과거 전생의 업이 나타나기도 합니다.

96

우선적으로 무거운 업, 죽음 직전에 지은 업, 습관적으로 지은 업, 이미 지은 업의 순서대로 다음 생을 생산하는 생산업이 됩니다.

　　죽음 가까이에서 일어나는 인식과정은 '자신이 태어날 적합한 생으로 기울면서' 나타납니다. 천상에 태어날 것 같으면 천상의 여러 가지 형상들이 보이거나 마음이 즐거워지면서 편안한 마음으로 죽음을 맞이합니다. 그러나 악행을 많이 저질러 지옥에 떨어질 상황이라면 죽기 전부터 온갖 고통을 받기 시작합니다. 지옥의 여러 모습들이 계속 드러나면서 엄청난 고통과 공포를 느끼다가 매우 불안한 마음으로 지옥에 떨어지게 됩니다.

　　부처님 당시에 살았던 쭌다라는 백정은 돼지를 잡을 때 육질을 부드럽게 만들려고 모난 몽둥이로 돼지를 마구 때렸습니다. 그런 다음 돼지의 입을 벌려 속에 있는 불순물이 다 씻겨 나올 때까지 뜨거운 물을 부었습니다. 맛있는 고기를 만들기 위해 이루 말할 수 없는 악행을 저지른 것입니다. 게다가 이 백정은 살면서 한 번도 복을 지은 적이 없었습니다. 그러다 죽을 때가 되니 일주일 전부터 지옥의 타오르는 불길이 보이면서 손발이 오그라들었습니다. 무릎과 손목을 펴지 못해 돼지처럼 기어 다니고 일주일 동안 돼지처럼 비명을 질러 댔습니다. 워낙 오랫동안 악행을 저질러 지옥에 갈 것이 확정되어 있었으므로 죽기 일주일 전부터 그와 비슷한 형태의 삶을 살다가 결국 지옥으로 떨어진 것입니다(『법구경 이야기』, 게송 15번).

반면 선행을 많이 한 사람은 죽기 전에 마음이 아주 편안합니다. 고통스러워하지도 않고 두려워하는 일도 없이 마치 잠자듯 죽음을 맞습니다. 눈을 떠 보면 천상계 천녀들이 기다리고 있는 가운데 다음 생을 맞습니다. 이와 같이 죽음 직전 인식과정에서는 선처든, 악처든 그에 맞는 대상들이 나타난다는 것이 "자신이 태어날 적합한 생으로 기울면서 나타난다."는 말의 뜻입니다.

선처나 악처 어느 한쪽이 뚜렷하지 않은 경우는 선처의 형상이 나타나기도 하고, 악처의 형상이 나타나기도 하며, 두 가지가 뒤섞여 나타날 수도 있습니다. 이때가 바로 업의 선택 순간입니다. 이런 때에 정신을 바짝 차리고 있어야 악처에 태어나는 것을 막고 선처에 태어날 수 있는 것입니다. 앞서 언급했던 소나 존자의 아버지 이야기가 좋은 예입니다.

죽음 직전 인식과정의 대상

죽음 직전 인식과정의 대상은 세 가지 형태로 나타날 수 있습니다. 첫째는 '업[kamma]', 둘째는 '업의 표상[kamma-nimitta]', 셋째는 '태어날 곳의 표상[gati-nimitta]'입니다. 예를 들어 과거에 남에게 보시를 했을 때나 화를 냈을 때의 선하거나 악한 의도가 대상으로 나타날 수 있는데 이것은 업이 나타나는 경우입니다. 내가 업을 지을 때 만났던 대상이나 도구들이 나타날 수도 있는데 이것은 업의 표상이 나타난 것입니다. 부처님께 음식을 공양한 적이 있다면 그 당시 부처님께 공양하고자 의도한 마음이나 공양 올릴 때 일어난 기쁜 마음은 업이고, 공양 올린 음식이나 부처님 형상처럼 그 업을 지을 때 만났던 대상이나 사용한 도구 등은 업의 표상입니다. 태어날 곳의 표상은 태어날 곳의 모습이 미리 보이는 것을 말합니다. 백정 쭌다가 죽을 때 지옥의 불길을 본 것이 바로 이 경우입니다.

● 업

업은 선한 마음이나 불선한 마음의 의도입니다. '보시를 하고 싶다', '계율을 지켜야겠다', 또는 '저 사람을 한 대 때려야겠다', 이런 것이 선하거나 불선한 의도로 일어나며 이것이 바로 업입니다.

죽음 직전 인식과정의 대상으로 업이 나타난다는 것은 내가 선행이나 악행을 했던 과거의 의도를 다시 인식한다는 말입니다. 절에 보시한 일이 있다면 보시할 때의 그 선한 의도가 떠오르는 것이 선업이 나타나는 것이고, 도둑질을 한 적이 있다면 도둑질할 때의 나쁜 의도가 떠오르는 것이 불선업이 나타나는 것입니다.

이렇게 죽음 직전 인식과정의 대상으로 나타난 업이 생산업이 되어 다음 생에 최초로 일어나는 마음인 재생연결식을 이끌어냅니다. 죽음 직전 인식과정과 죽음의 마음 사이가 매우 가깝고[18] 죽음의 마음 바로 다음이 재생연결식입니다. 그리고 전생에 지은 업 중에서 가장 강력한 업이 죽음 직전 인식과정에서 마치 지금 일어나는 것처럼 생생하게 나타납니다.

● **업의 표상**

　죽음 직전 인식과정의 대상으로 주로 나타나는 것은 업의 표상이고, 간혹 태어날 곳의 표상이 나타나기도 합니다. 죽음 직전 인식과정에 나타났던 대상이 업이라면 생산업을 쉽게 알아낼 수 있습니다. 하지만 그 대상이 업의 표상이나 태어날 곳의 표상인 경우는 이 표상을 통해 내생의 재생연결식을 일으킬 생산업이 무엇인지를 찾아낼 수 있습니다.

　업은 과거에 이미 지나간 것이므로 마음의 문으로만 나타나는데 비해 업의 표상은 안·이·비·설·신·의 육문六門 어디서나 나타날 수 있습니다. 눈에 보이듯이 나타날 수도 있고, 소리로 나타날 수도 있고, 코나 혀, 몸이나 마음의 문에서 나타날 수도 있습니다.

　우선 업의 표상이 마음의 문으로 나타나는 것은 이해하기가 쉽습니다. 예를 들어 탑을 보시한 적이 있다고 합시다. 그러면 탑의 모습이나, 보시하는 모습이나, 거기 차려 놓은 음식이 떠오를 수 있습니다. 소를 죽이는 백정이라면 소를 죽이는 형상이 떠오를 수 있고, 소를 죽일 때 사용했던 칼이 떠오를 수도 있습니다. 그것은 형상이지만 과거의 형상이므로 마음의 문으로 들어오게 됩니다.

　지나간 형상이나 소리는 다 마음의 문으로 들어오지만, 현재의 대상은 안·이·비·설·신 오문五門을 통해서만 들어옵니다. 예를 들어 임종 가까이 간 사람에게 스님을 초청해서 경을 읽어 줍니다. 남방에서는 죽음 직전에 주로 「대념처경」의 서문을 읽어 주는데, 어떤 사람이 경 읽는 소리를 들으면서 부처님이나 법에 대한 신심이 일어난 후 죽었다고 합시다. 그 사람이 듣고 있는 소리는 과거의 것이 아니라 현재 일어나는 실재의 현상이므로 과거에 지었던 업의 표상이라고 할 수는 없습니다. 하지만 이 소리를 통해서 죽는 순간 선업이 일어났고, 이 소리는 선업을 짓는 것과 연관된 핵심적인 대상이므로 은유적으로 업의 표상이라고 할 수 있습니다. 실제로는 업의 표상이 아니지만, 업의 표상 역할을 한다는 의미입니다. 이때는 업의 표상이 소리가 되는 것입니다.

다음과 같은 이야기가 있습니다. 옛날에 어떤 암탉이 있었는데 스님들이 「대념처경」 읽는 소리를 들었습니다. 닭은 뜻을 몰랐을 텐데도 그 소리를 듣는 것을 좋아했습니다. 「대념처경」 읽는 소리를 들으며 죽은 닭은 그 다음 생에 어느 나라의 공주로 태어났다고 합니다(『법구경 이야기』, 게송 338~343번).

업의 표상이 형상으로 나타날 수도 있습니다. 죽음을 앞둔 부모님이 부처님께 꽃 공양을 올리게 해 드리면 부모님이 꽃을 공양 올리면서 보시하는 선한 마음을 일으킬 것입니다. 그리고 그 꽃을 보면서 기쁜 마음으로 죽는다면 선처에 태어날 수 있습니다. 꽃은 형상이고, 지금 현재 있는 것으로 안식眼識을 통해서 들어옵니다. 앞에서 설명한 것과 마찬가지 이유로 꽃은 실제 업의 표상이 아니지만, 보시하는 선업을 짓는 것과 연관된 핵심 대상이므로 꽃의 형상을 은유적으로 업의 표상이라고 말할 수 있습니다. 마찬가지로 냄새, 맛, 감촉 등도 업의 표상이 될 수 있습니다.

이런 것을 잘 이해한다면 부모님이나 가까운 사람이 임종 가까이 갔을 때 우리가 어떻게 처신해야 하는지를 알 수 있습니다. 일단 죽어 가는 사람의 마음을 편하게 해 주고, 이생에 살면서 지었던 선한 업을 떠올리게 해 주는 것이 좋습니다. 가족이 곁에서 우는 것은 좋지 않습니다. 가족이 울면 죽음을 맞이하는 사람도 같이 슬퍼집니다. 슬픔은 성냄의 한 형태이고, 성냄은 불선한 마음입니다. 「대념처경」을 읽어 주거나 선업을 생각나게 해서 마음이 편안해지면 선한 표상이 나타나게 되고 편하게 임종을 맞이하여 선처에 태어날 수 있습니다.

업의 표상을 조금 더 자세히 나누어 보면 업과 연관된 '핵심 대상'과 업을 행할 때 '사용한 도구'가 있습니다. 예를 들어 탑을 보시했다면 탑을 보시할 때의 선한 의도는 선업이고, 탑은 선업을 짓는 것과 연관된 핵심 대상입니다. 또한 보시할 때 탑전에 올린 음식이나 꽃 같은 공양물은 업을 지을 때 사용한 도구입니다.

● **태어날 곳의 표상**

태어날 곳의 표상도 육문 전체에서 다양하게 나타날 수 있다는 것이 일반적인 견해입니다. 『법구경』 주석서에 보면 재가 신도인 담미까가 죽기 직전 그의 눈앞에 욕계 여섯 천상에서 각각 한 대씩 여섯 대의 수레가 나타났다고 합니다. 천상의 신들은 서로

"우리 마차에 태워라."라고 하며 다투었고 그 모습과 소리는 담미까만이 보고 들을 수 있었습니다. 결국 담미까는 도솔천의 수레를 선택해 도솔천에 태어나게 되었습니다(『법구경 이야기』, 게송 16번).

이때 수레의 형상이나 서로 데려가려고 다투는 소리 외에 천상의 향기로운 꽃 냄새도 있을 수 있고, 맛이나 감촉이 있을 수 있습니다. 이처럼 태어날 곳의 표상도 육문 모두에서 나타날 수 있습니다.

태어날 곳의 표상이 나타날 때에는 직접 갈 장소가 나타나기도 하고, 경험하게 될 사물이 나타나기도 합니다. 예를 들어 인간계에 태어난다면 직접 가는 장소가 어머니의 태 안이므로 자궁의 붉은 색상이 보이게 됩니다. 천상에 태어난다면 천상에서 살게 될 궁전이 나타날 수 있습니다. 또 천상의 아름다운 호수나 나무 같은 것이 보일 수도 있는데 이런 것은 경험하게 될 사물이 나타난 것입니다. 축생으로 태어나는 경우는 숲이나 들판, 강 같은 것이 보일 수 있고, 아귀로 태어나는 경우는 짙은 어둠이 나타날 수 있으며, 지옥에 태어나는 경우는 지옥의 불길이나 저승사자 등이 보일 수 있습니다.

그런데 중요한 사실은 업의 표상이나 태어날 곳의 표상은 죽기 식전에 바뀔 수도 있다는 것입니다. 죽음에 가까이 갔을 때 뚜렷한 업이 있는 경우는 그 업과 관련된 한 종류의 표상이 주로 드러나지만, 뚜렷한 업이 없는 경우는 여러 가지 종류의 표상들이 경쟁하듯 나타납니다. 이때 누가 도와주거나, 자신에게 바른 기억[正

3장. 죽음 직전의 모습과 재생연결

念]과 바른 앎[正知]이 있으면 불선한 업의 표상을 선한 업의 표상으로 바꿀 수도 있습니다.

그 대표적인 예가 앞서 언급했던, 아들의 도움으로 지옥의 표상이 천상의 표상으로 바뀌어 결국 천상에 태어난 소나 존자의 아버지입니다. 그런데 소나 존자의 아버지와는 반대로 선처의 표상이 나타났다가 악처의 표상으로 바뀐 경우도 있습니다.

인도의 아소까 왕은 불교 중흥을 위해 많은 노력을 한 사람입니다. 아소까 왕은 평생 선업을 많이 지었으므로 죽음이 임박했을 때 좋은 표상들이 많이 나타났습니다. 그런데 마지막 순간에 의사가 왕에게 구스베리 열매를 하나 건네자 그 열매를 보고 '내가 한때는 인도 천하를 지배하던 왕이었는데 지금은 어찌 이 구스베리 열매 하나밖에 지배하지 못하는가?' 하는 생각이 들어 마음에 슬픔이 일어나면서 죽었습니다.

슬픔은 어떤 상황을 싫어하는 마음이므로 성냄에 해당합니다. 왕의 죽음 직전 인식과정의 대상은 구스베리 열매이고, 이를 통해 성냄이라는 불선업이 일어났기 때문에 구스베리 열매는 업의 표상이 됩니다. 처음에는 선업의 표상들이 나타났지만 죽음 직전에 불선업의 표상인 구스베리 열매가 나타났기 때문에 아소까 왕은 다음 생에 구렁이로 태어났습니다. 하지만 워낙 선업을 많이 지었던 왕이었기에 구렁이의 삶이 끝나자마자 전생의 선업이 작용해 다음 생에는 다시 사람 몸을 받았고 열심히 수행해서 아라한이 되었습니다. 이처럼 선처에 태어날 표상이 먼저 나타났지만 죽음 직전에 악처에 태어날 표상으로 바뀌어 악처에 태어날 수도 있습니다.

그러니 죽기 전에 정신을 바짝 차리는 것이 매우 중요합니다. 죽기 직전의 마지막 인식과정이 우리의 내생을 좌우합니다. 물론 선업이 아주 강하거나 불선업이 아주 강하면 선택의 여지가 없습니다. 하지만 업의 힘이 어중간한 경우에는 여러 개의 대상이 나타날 수 있으므로 정신을 차리고 있어야 합니다. 설사 이생에서 악업을 지은 것이 있다 하더라도 죽음 직전에 정신을 차리고 알아차림을 유지하면 그 순간에 선업을 짓거나, 이전에 지었던 선업을 기억해 낼 수 있는 것입니다. 그러면 악처로 떨어질 것을 선처에 태어나는 것으로 바꿀 수가 있습니다.

임종 전에 나타나는 표상을 바꿀 수 있다는 것을 유념해 두십시오. 열심히 수행해 바른 기억과 바른 앎의 힘이 강해지면 악처에 떨어질 가능성이 거의 없어집니다. 진정으로 행복한 죽음을 맞이하기 위해서는 이 사실을 명심하고 항상 부지런히 정진해야 합니다.

행복한 죽음을 위해 죽음 직전에 할 수 있는 것들

죽음에 임박하면 당사자뿐 아니라 가족이나 지인의 역할도 중요해집니다. 평소에 수행을 많이 해서 죽음이 가까웠을 때도 정신이 또렷하면 좋겠지만 대부분의 경우 죽음 전에는 의식을 챙기기 어렵습니다. 그래서 죽음 직전에 선한 쪽으로 마음이 기울어지도록 본인도 노력하고, 가족들도 옆에서 도움을 줘야 합니다. 평소에 선하게 살아 선한 업이 나타난다 하더라도 좀 더 확실히 하기 위해 도움을 줄 수 있는 방법들을 알아두면 좋습니다. 첫째는 삼귀의를 하고 오계를 수지하는 것입니다. 부처님과 부처님의 가르침, 그 가르침을 따라 수행하는 스님들에게 귀의하는 삼귀의, 그리고 살생, 도둑질, 삿된 음행, 거짓말, 술이나 취하게 하는 약물 등을 삼가는 오계를 받아 지니는 것은 죽기 전에 쌓을 수 있는 가장 중요한 선업입니다.

『상윳따 니까야』「신들을 방문함 경 1」에 보면 불·법·승 삼보에 청정한 믿음을 가지고 계를 구족한 것을 원인으로 해서 선처, 천상에 태어날 수 있다는 이야기가 나옵니다. 오계를 받은 후에는 남은 시간 동안만이라도 이를 어기는 일이 없도록 스스로를 잘 챙겨야 합니다. 혹 실수로 계를 범했을 때는 참회하고 다시는 그런 일이 없도록 해야 합니다.

두 번째는 죽기 전에 보시행을 하는 등 선업을 짓게 하는 것이 매우 중요합니다. 만약 병석에 누워 있는 사람이라면 경전 등을 보시하는 법보시를 하도록 해 주면 좋습니다. 또한 보시는 가족이나 친척 등 남이 대신하는 것보다 죽음에 가까인 간 본인이 직접 하도록 돕는 것이 좋습니다. 그렇게 해야 죽음에 가까이 간 사람의 직접적인 공덕이 되기 때문입니다.

『디가 니까야Dīgha Nikāya』[19] 「빠야시 경」에 보면 "정성으로 보시를 베풀고, 자기 손으로 직접 보시를 베풀고, 충분히 배려하면서 보시를 베풀고, 소중히 여기면서 보시를 베풀면 몸이 무너져 죽은 뒤에 천상계에 태어날 수 있다."라는 이야기가 나옵니다. 그래서 죽기 전에 기억에 남을 만한 큰 선행을 하는 것이 좋고, 그 선행을 할 때의 뿌듯한 기쁨을 본인이 계속 떠올리도록 하는 것이 중요합니다.

한번은 잘 아는 지인이 돌아가시기 전에 문병을 간 일이 있었습니다. 그분이 말씀하시기를 베트남의 메콩강이 보이고 태국의 가정집에서 단란하게 이야기하는 모습이 자꾸 보인다는 것이었습니다. 이것은 태어날 곳의 표상이 보이는 경우로 태국의 가정집이라면 인간계이지만, 강의 이미지는 축생을 의미할 수 있어서 몹시 안타까웠습니다. 그래서 그분께 죽음의 과정에 대해 간단히 알려드리고 죽음 직전에 기억에 남을 만한 선업을 짓는 것이 중요하다고 말씀드렸습니다. 본인이 직접 법보시를 하게 하고, 법보시의 공덕을 이야기해 드린 뒤 그 선업에 대해 계속 생각하시라고 했습니다. 또한 과거의 행위 중에 선업을 행했던 것을 되새기도록 말씀드렸습니다. 그리고 나서 사흘 뒤에 임종하셨는데 편안하게 돌아가셨다는 이야기를 듣고 '좋은 곳에 태어나셨구나.'라고 생각했습니다.

죽음을 앞두고 과거에 지었던 불선한 업이 자꾸 마음에 걸리는 경우도 있습니다. 이럴 경우 나쁜 생각은 덜 하고 좋은 생각을 많이 하는 것이 좋습니다. 과거의 후회스런 일이 자꾸 떠오른다면 그것에 대해 참회하고 더 이상 연연하지 않도록 해야 합니다.

반대로 일생동안 자신이 행했던 선행을 기억해 낼 수 있도록 옆에서 도와주는 것은 도움이 됩니다. 최근에 저희 선원 청년회에 나오던 한 젊은이의 아버님이 돌아가셨습니다. 그녀는 선원에서 배운 가르침에 따라 아버지 옆에서 일생동안 행했던 선한 업을 기억하시도록 도와드렸다고 합니다. 마음이 편안해진 아버지는 자신의 죽음이 얼마 남지 않았다는 이야기를 듣자 유언도 하고 정리해야 할 것들을 정리하셨다고 합니다. 그리고 담당 의사를 불러 달라고 한 뒤 수고가 많았다며 고마움을 전하고, 간병인에게 사례금도 챙겨 드린 뒤 편안하게 돌아가셨다고 합니다. 그렇게 아버지가 편안하게 돌아가시고 나니 가족들도 마음이 편안할 수 있었다고 합니다. 만약 이런 것을 몰랐다면 아버지의 죽음을 앞두고 어떻게 해야 할지 몰라 슬퍼하고 괴로워하는 것 말고는 할 수 있는 일이 별로 없었을 것입니다.

남아 있는 가족들이 아무리 괴로워하고 슬퍼한다고 해도 그것은 죽음을 앞둔 이에게 아무런 도움이 되지 않습니다. 그러므로 죽음을 앞둔 사람 앞에서 너무 슬퍼하거나 소란스럽게 해서는 안 됩니다. 가족들이 울고 슬퍼하면 애착을 버리기가 어렵고, 후회나 불만족한 마음이 일어나기 쉽기 때문입니다. 편안하고 안정된 상태에서 죽음을 맞이하도록 도와주는 것이 좋습니다. 죽음을 앞둔

이에게 실질적으로 도움이 되는 것이 무엇인지를 바르게 알고 실천한다면 실제로 그들을 도울 수 있고, 남아 있는 가족들도 삶과 죽음의 진리에 대해 배우는 기회가 될 수 있습니다.

세 번째는 부처님의 가르침을 독송하거나 부처님의 이미지를 보여 주는 것이 도움이 됩니다. 본인이 직접 독송할 수 없을 때에는 옆에서 경전을 읽어 주거나 녹음을 해서 들려주는 것도 좋은 방법입니다.『디가 니까야』의「대념처경」이나『숫따니빠따』의「자애경」,「화살 경」등을 독송하거나 죽음에 관한 좋은 법문을 들려주는 것도 좋습니다. 죽음의 순간에 업들이 어떻게 작용하는지 그리고 그때 본인이 어떻게 해야 하는지를 이해하고 대처한다면 훨씬 유익할 것입니다.

또한 죽음을 앞둔 환자들의 마음은 불안해지기 쉽기 때문에 부처님의 사진이나 부처님 성지 사진, 혹은 훌륭한 스님들의 사진들을 보여 주면 그 자체만으로도 안정감을 갖게 됩니다. 두려움은 일종의 성냄이기 때문에 죽을 때 마음이 불안하고 두려워지는 것은 좋지 않습니다. 편안하고, 행복하고, 안정된 마음으로 죽음을 맞을 수 있게 도와드리는 것이 좋습니다.

네 번째는 만약 정신이 비교적 또렷한 경우라면 자신이 해 오던 수행을 챙기면서 죽음을 맞이하는 것이 좋습니다. 들숨날숨기억 수행을 하는 것도 두려움으로부터 벗어날 수 있는 좋은 방법입니다. 죽음에 임박한 사람들은 보통 몸에 통증이 있습니다. 만약 평소에 호흡 수행을 했던 사람이라면 들숨날숨기억 수행을 통해,

염불을 했던 사람이라면 염불 수행을 통해 통증을 조금이라도 잊을 수 있습니다.

쉽지는 않겠지만 자신에게 일어나는 통증에 압도되지 말고 오히려 통증을 수행의 주제로 삼아 그 통증을 관찰하는 것도 좋은 수행입니다. 통증은 대상이 너무나 뚜렷하기 때문에 집중이 쉬울 수 있습니다. 통증에 휩쓸려 괴로워하지 말고 그 아픔만을 알아차리도록 노력하는 것입니다. 이런 고통은 괴로운 느낌이 일어났다 사라지는 것일 뿐이고, 느낌은 접촉이라는 조건이 있기 때문에 일어나는 것입니다. 이렇게 조건에 따라 변하는 것이므로 내 것, 내 고통이 아니라 그냥 일어났다 사라지는 하나의 현상일 뿐이라고 바라보는 것이 좋습니다. 물론 그렇다고 육체적인 통증이 아예 안 일어날 수는 없을 것입니다. 하지만 적어도 통증을 싫어하는 마음으로 인한 두 번째, 세 번째 화살은 맞지 않을 수 있습니다. 육체적 고통으로 괴롭기도 하지만 보통은 그로부터 비롯되는 정신적인 고통이 보태지면서 더 괴로워지기 때문입니다. 그러므로 이런 통증도 어떤 병균이나 바이러스 등의 접촉을 조건으로 하여 일어난 하나의 괴로운 느낌이라고 객관화한다면 괴로움이 덜해질 수 있을 것입니다.

『상윳따 니까야』「간병실 경 2」에 보면 죽음에 이르렀을 때 우리에게 일어나는 고통이나 두려움에 대해 어떻게 대처해야 하는지 나옵니다. 감각적 느낌은 감각 접촉에 의해서 조건 지어져 있고, 무상한 것이며, 내 것이 아니라고 알아야 한다는 것입니다.

그래서 죽기 전에 자기 몸과 마음에서 일어나고 사라지는 현상을 관찰하면서 죽음을 맞이한다면 행복한 죽음이라 할 수 있을 것입니다.

『맛지마 니까야Majjhima Nikāya』[20] 「아나타삔디까를 교계한 경」에 보면 아나타삔디까 장자가 자신이 죽을 때가 된 것을 알고, 사람을 통해 부처님께 인사를 전하고 사리뿟따 존자께 잠깐 와 주실 것을 청합니다. 사리뿟따 존자는 그에게 가서 삶에 대한 집착을 놓게 하는 법문을 합니다. 눈도 내 것이 아니고, 눈과 형색이 만나 일어난 안식도 내 것이 아니며, 마음도 내 것이 아니고, 법도 내 것이 아니고, 마음과 법이 만나 일어난 의식意識도 내 것이 아니며, 색[물질]·수[느낌]·상[인식]·행[형성들]·식[마음]도 모두 내 것이 아니라는 법문을 함으로써 그가 여섯 기능[六處]과 다섯 무더기[五蘊]가 내 것이라는 집착을 놓을 수 있도록 도와줍니다. 그리고 죽음 직전에 일어나는 몸과 마음의 여러 현상을 관찰하게 합니다. 아나타삔디까 장자는 이 법문을 듣고 몸에 집착하지 않고 평온한 마음으로 죽음을 맞이하여 도솔천에 나게 됩니다.

마지막으로 애착을 가진 채로 죽음을 맞지 않아야 합니다. 평소에 수행을 몰랐던 사람이라면 죽기 전에 마음을 편하게 해 주는 것이 중요하지만, 수행을 지속했던 사람이라면 자기 몸에 대한 애착을 버리게 하는 것이 좋습니다. 몸이나 생각이라는 것도 조건 따라 일어난 하나의 현상이라는 것을 이해하고, 이 몸도 내 것이 아님을 알아 애착을 놓는다면 다음 생에도 아주 지혜로운 사람으로 태어날 수 있습니다. 그래서 이 세상에 대한 애착도 버리고, 좋은 세상에 나고 싶다는 애착도 버리고, 죽음의 현상을 직시하게 되면 그것만큼 행복한 죽음은 없습니다.

● 유족들이 알아야 할 지혜

가족이나 친척 등 사랑하는 사람이 죽으면 괴롭고 슬픈 것은 당연한 일입니다. 그러나 아무리 슬퍼하고 운다고 해서 상황이 변하지 않는다는 것을 알아야 합니다. 그럴 때 우리가 첫 번째로 해야 할 일은 죽음을 받아들이고 고인에 대한 집착을 놓는 일입니다.

상을 당했을 때 주로 읽어 주는 경전인 『숫따니빠따』의 「화살경」에 보면 자식이 죽어 일주일 동안 밥도 못 먹고, 물도 못 먹고 슬퍼하는 재가 신도를 위해 부처님께서 이렇게 말씀하십니다.

"그렇게 슬피 울며 통곡하면서
어리석게 자신을 해치는 사람에게
이익이 하나라도 생긴다면
현명한 이도 그렇게 했을 겁니다.
하지만 울부짖고 슬퍼해서는
마음의 평화를 얻을 수 없습니다.
그의 괴로움은 더욱 심해지고
몸만 계속해서 여월 뿐입니다."

- **선업의 힘이 지켜 준다**

죽음 직전에 대처하는 방법들을 아는 것보다 더욱 중요한 것은 평소에 선업을 많이 쌓아 두는 것입니다. 『앙굿따라 니까야』「누각 경」에 보면 "몸의 업이 썩고 말의 업이 썩고 마음의 업이 썩으면 복되게 죽지 못하고 복된 임종을 맞이하지 못한다. 하지만 몸의 업이 바르고 말의 업이 바르고 마음의 업이 바르면 복되게 죽고 복된 임종을 맞이한다."라고 나옵니다. 행복한 죽음을 맞이하기 위한 첫째 조건은 '평소에 어떤 삶을 살았는가'입니다.

여기서 또 한 가지 알아 두어야 할 것이 있습니다. 우리가 죽음 직전의 마음에 의해 선처나 악처에 태어났다 하더라도 평생 지은 업이 영영 사라지는 것은 아니라는 점입니다. 예를 들어 적지 않은 악업을 지었음에도 죽는 순간에 강한 선업이 작용해서 사람 몸을 받았을 수 있지만, 그렇다고 해도 그 악업은 없어지지 않습니다. 사람으로 태어나도 병에 시달리거나 수명이 짧아지는 등 행복하게 사는 것을 악업이 방해합니다. 그리고 선업을 많이 지었는데 죽기 전 불선한 마음에 압도되어 악처에 태어났다 해도 그 선업이 사라지는 것은 아닙니다. 악업의 과보가 끝나면 그전에 지은 선업의 힘이 선처로 가게 만듭니다.

일생동안 선업을 많이 짓고 죽기 전에도 선한 마음을 일으킨다면 선업의 과보는 더욱 커질 것입니다. 사람이나 천신으로 태어날 수 있을 뿐 아니라 편안한 삶을 살고 좋은 인연을 만날 것입니다. 따라서 죽기 전에 짓는 업이 중요하긴 하지만 이것이 전부가 아니라는 것을 알아야 합니다. 죽기 전에만 잘하면 되겠다고 생각하면 안 됩니다. 평소의 삶이 더욱 중요하다고 할 수 있습니다.

『상윳따 니까야』「불 경」에 보면 이런 비유가 나옵니다. 집에 불이 나면 집 안에 있는 재물은 다 타 버리지만, 밖으로 꺼내 놓은 재물은 타지 않고 남아 있습니다. 그와 같이 죽을 때 가져갈 수 있는 것은 재물도, 명예도 아니고, 오직 내가 지은 선업과 악업의 공덕의 과보만 가져가는 것입니다.

가장 좋은 공덕은 수행을 실천하며 살아가는 것입니다. 이생에서 수행을 통해 깨달음을 얻고 윤회를 벗어나 완전한 행복인 열반에 이른다면 더없이 좋은 일이지만, 윤회의 과정에서는 선업의 힘이 뒷받침해 주지 않으면 크나큰 괴로움을 겪습니다. 행복한 죽음을 위해 지금 어떤 공덕을 지어야 하는지 간단하게 살펴보겠습니다.

첫째는 불·법·승 삼보에 귀의하는 것입니다. 부처님, 부처님이 설하신 가르침, 그 가르침에 따라 수행하는 스님들에 대한 믿음을 통해 불선한 마음을 내려놓고 선한 마음을 계발하는 바른 노력이 시작될 수 있습니다. 그래서 삼보에 대한 믿음은 그 자체로 큰 선업일 뿐 아니라 선업의 기본적인 토대입니다.

『상윳따 니까야』「사라까니 경」에 보면 "그는 여래에 대해서 깊은 믿음이 있고 깊은 공경이 있다. 마하나마여, 이러한 인간은 지옥에 가지 않고 축생의 모태에 가지 않고 아귀계에 가지 않고 처참한 곳, 불행한 곳, 파멸처에 가지 않는다. … 마하나마여, 삭까 사람 사라까니는 임종할 때에 공부지음을 성취하였다."라고 나옵니다. 살아생전에 오계를 철저히 지키지 못했던 사라까니라는 재가 신자가 삼보에 대한 믿음을 통해 성자의 경지인 수다원에 이르렀다는 이야기입니다.

둘째는 계율을 잘 지키는 것입니다. 계율은 우리 삶의 울타리와 같아서 악처에 태어나는 원인이 될 만한 큰 악업을 짓지 않게 보호해 줍니다. 구체적으로 살생을 하지 않고, 주지 않는 물건을 갖지 않고, 삿된 음행을 하지 않고, 거짓말하지 않고, 술이나 취하게 하는 중독성이 있는 약물을 삼가는 것이 재가자의 다섯 가지 계율입니다. 삼귀의와 오계를 잘 지키는 것이 공덕행의 가장 기본적인 출발점입니다.

셋째는 보시를 하는 것입니다. 보시는 정당하게 자기가 번 재물을 대가 없이 남에게 제공하는 것을 말합니다. 『맛지마 니까야』「보시의 분석 경」이나 『상윳따 니까야』「무엇을 베풂 경」 등을 보면 보시의 공덕에 대해 자세히 나옵니다. 어떤 사람에게 보시를 하느냐에 따라, 그리고 보시하는 사람의 마음 상태에 따라 그 공덕은 큰 차이가 납니다. 보시를 받은 사람이 번뇌를 많이 버린 사람일수록 공덕이 크고, 보시하는 사람이 어떤 대가도 바라지 않고 인색하지 않은 순수한 마음으로 보시할 때 공덕이 더 큽니다. 재물을 보시하는 것 외에도 봉사나 재능 기부처럼 몸으로 하는 보시도 있습니다. 남이 잘한 일을 칭찬해 주고 남의 행복을 함께 기뻐해 주는 것도 좋은 보시입니다.

보시 중에서도 가장 수승한 보시는 법보시입니다. 보통 경전이나 법문 등을 보시하는 걸 말합니다. 부처님께서 설하신 가르침을 보시하는 것은 중생들이 괴로움에서 벗어나도록 도와줍니다. 또한 부처님의 가르침에 따라 수행하며 가르침을 이어 가는 수행자들의 모임인 승가에 보시하는 것도 공덕이 매우 큰 보시라고 할 수 있습니다. 승가를 통해 부처님의 법이 이어지기 때문입니다. 요즘은 여러 가지 포인트나 마일리지를 쌓는 데 관심이 많은데, 무엇보다 중요하고 유익한 것은 선업의 마일리지를 쌓는 것이라 할 수 있습니다.

넷째는 배움과 토론입니다. 불선한 마음을 버리고 선법을 계발하려면 어떤 것이 선법이고 어떤 것이 불선법인지 명확히 알아야 합니다. 이러한 바른 견해[正見]를 갖추기 위해서는 부처님의 가르침을 배우고 익히는 것이 중요합니다. 부처님의 바른 법을 제대로 배우지 못하면 선업의 공덕을 쌓는 것이 불가능합니다.

부처님의 법을 배우면 배운 것으로 끝내지 말고 법담을 나누는 것이 좋습니다. 혼자 생각한 것은 잘못 이해한 경우도 많기 때문에 도반들과 법에 대해 이야기를 나누고, 지혜로운 사람을 찾아가 묻고 토론하면서 내가 잘못 생각한 것을 바로잡고 어떤 것이 더 바른 길인지를 찾아야 합니다. 마음은 미묘해서 스스로 합리화하거나 자기 좋은 대로 생각하는 경우가 많습니다. 혼자 하는 공부는 마음이 편할 수 있지만 스스로를 속이기 쉽습니다. 그래서 법담을 통해 객관화하는 것이 필요합니다.

다섯째는 마음을 관찰하는 수행입니다. 우리가 거울을 보다가 얼굴에 때가 묻은 것을 발견하면 당장 깨끗이 닦으려고 할 것입니다. 하지만 얼굴보다 훨씬 더 중요한 우리 마음은 얼마나 오염되었는지 관심을 갖지 않고 지내는 경우가 많습니다. 바깥의 대상으로만 향해 있는 마음을 안으로 돌려서, 적어도 하루에 세 번은 자기 마음을 돌아보고 불선한 마음에 물들어 있지는 않은지 관찰하는 것이 필요합니다. 물론 항상 마음관찰을 실천하여 불선한 마음이 잠시라도 일어나지 않도록 노력하는 것이 가장 좋습니다. 수행은 예방입니다. 우리의 몸도 건강할 때 지켜야 하듯이 마음도 건강할 때 늘 챙겨서 번뇌가 일어나지 않도록 예방하는 것이 중요합니다. 자기도 모르는 사이에 반복되어 이미 강해진 번뇌를 버리는 것은 훨씬 더 어려운 일이기 때문입니다.

여섯째는 삼매를 계발하는 수행을 통해 지혜를 키우는 것입니다. 몸과 마음을 관찰하는 수행을 하다 보면 번뇌가 가라앉아 마음이 고요하고 집중되고 청정해집니다. 그렇게 마음이 아무 움직임도 없이 고요하게 가라앉고 집중되고 청정해진 상태를 삼매라고 합니다. 이러한 고요하고 집중되고 청정한 마음인 삼매는 있는 그대로 보는 지혜가 생기는 바탕이 됩니다. 지혜가 계발되면 삶의 문제를 바르게 풀어내는 힘이 생깁니다. 어떤 문제가 생겼을 때 감정에 휩쓸려 그릇된 판단을 하는 것이 아니라, 상황에 가장 적합한 현명한 판단을 할 수 있게 합니다.

마음이 고요하고 집중되고 청정할 때 삶에서 일어나는 모든 일이 변화의 과정에 있다는 것을 보게 됩니다. 세상 모든 일이 서로 연관되어 있고 조건 지어져 있다는 연기적 사고를 할 수 있게 됩니다. 그러면 나뿐만이 아니라 남도 행복하기를 바라고, 남의 고통도 덜어 주고자 하는 마음이 일어납니다. 그것이 바로 자비심입니다. 그래서 지혜와 자비가 무관하지 않은 것입니다.

일곱째는 죽음에 대한 기억 수행입니다. 『앙굿따라 니까야』의 「죽음에 대한 마음챙김 경 1」에 보면 수행자들이 어떤 마음으로 수행하고 있는지 부처님께 말씀드리는 내용이 나옵니다. 여기서 "내가 하루 밤낮밖에 살 수 없을지도 모른다." 혹은 "한 번 밥 먹는 시간밖에 살 수 없을지도 모른다." 또 "네다섯 입의 음식을 씹어 삼키는 시간밖에 살 수 없을지도 모른다." 이렇게 말씀드린 비구들은 게으르고 둔하게 수행하고 있다며 부처님의 질타를 받습니다. "한 입의 음식을 삼키는 시간밖에 살 수 없을지도 모른다.", "한 번 숨을 들이쉬었다가 내쉬는 시간밖에 살 수 없을지도 모른다." 이런 생각으로 수행하고 있다고 말씀드린 비구들에게만 부처님께서는 그들이 부지런하고 예리하게 수행하고 있다고 칭찬하십니다.

우리의 삶은 반드시 죽음으로 끝난다는 것, 또 그 죽음은 예고 없이 불시에 찾아올 수도 있다는 것을 잊지 않고 기억하며 정신 바짝 차리고 살아야 합니다. 삶이 끝날 때가 분명히 있다는 것을 늘 잊지 않고 기억하고 좀 더 경각심을 가져 현재의 삶을 바르게 살 필요가 있습니다.

신도들과의 인터뷰 시간이었습니다. 수술을 받고 치료를 하고 있는 어느 보살님이 죽음에 대한 두려움으로 고통스럽다고 했습니다. 고통에 제압되어 수행도 잘 안 되는데 죽을 때 과연 정신을 차리고 수행을 할 수 있을지 걱정했습니다. 그러나 평소에 선업을 많이 쌓았다면 그 선업의 공덕이 지켜 줍니다. 『상윳따 니까야』「마하나마 경」에 보면 부처님께서 수행을 챙기지 못한 채 죽음을 맞이할까 두려워하는 재가자에게 "어떤 사람이 버터 단지나 참기름 단지를 가지고 깊은 물속으로 들어가서 그것을 깬다면 단지의 파편이나 조각은 아래로 가라앉을 것이고 버터나 참기름은 물 위로 뜰 것이다. 마찬가지로 평소에 믿음, 계행, 배움, 보시, 통찰지 등의 선업을 쌓으며 살아왔다면 죽음이 나쁘지 않을 것이고, 죽으면 선처에 태어날 것이다."라고 그를 안심시키시면서 설하신 가르침이 나옵니다.

그러니 너무 두려워할 필요는 없습니다. 수행력이 부족한 사람이라도 공덕이 많으면 공덕의 힘이 그 사람을 편안하게 해 줄 수 있습니다. '지금까지 착하게 살았다.' 이런 생각을 하면서 마음을 편하게 가지십시오. 죽음이 닥쳤을 때 일생 동안 부끄럽지 않게 잘 살았다는 마음을 가질 수 있다면 편안하게 죽음을 맞이할 수 있습니다. 사실 죽음이 가까이 왔을 때 두려운 것은 죽음 자체가 아닙니다. 번뇌를 가지고 어리석게 죽음을 맞이하는 것이 두려운 것입니다. 결국 평소의 행동과 마음, 지혜를 키우는 것이 중요합니다.

죽음을 마주하고 있는 상황에서 갑자기 노력한다고 쉽게 되지 않습니다. 죽음에 닥쳐서 갑자기 의도적으로 혼자 정신을 차리려 한다고 되는 것은 아닙니다. 평소에 선업을 많이 짓고 수행도 했어야 그 선업과 수행의 힘으로 마음이 안정됩니다. 평소에 지었던 선업과 수행의 힘이 저절로 마음을 지켜 주는 것입니다.

선업이 부족하다고 느껴지면 지금부터라도 부지런히 지으면 됩니다. 죽음에 대한 경각심을 가지고, 좀 더 열심히 부처님의 법을 배우며, 그에 따라 번뇌를 버리는 노력을 하면서 살아가면 됩니다.

그리고 잘못한 것만 생각하지 말고 평소에 좋은 일 한 것을 자주 생각하는 게 좋습니다. 잘못한 일은 깊이 참회하고 다시는 그런 실수를 저지르지 않으면 됩니다. 인류는 생존을 위해 위기 상황이 닥치면 습관적으로 안 좋은 기억이 먼저 떠오르도록 진화했다고 합니다. 두려웠거나 힘들었던 기억을 통해 다시 위기에 처하지 않도록 대비하기 위해서입니다. 하지만 과거의 실수나 잘못을 계속 되새기는 것은 바람직하지 않습니다. 오히려 잘한 일이나 선업을 지은 것에 대해 스스로 칭찬해 줄 필요가 있습니다. 자신이 지은 대견한 선업을 생각하면 그것도 내면의 힘이 됩니다.

부처님께서 마지막으로 열반하시면서 하신 말씀은 이러합니다.

"참으로 이제 그대들에게 당부하노니 형성된 것들은 소멸하기 마련인 법이다. 방일하지 말고 해야 할 바를 모두 성취하라."

이 세상의 모든 것은 무너지게 되어 있으니 선법을 계발하는 것을 잊지 말고 부지런히 노력하라는 간곡한 당부의 말씀입니다.

우리 삶은 영원하지 않습니다. 지금 누리고 있는 복락이나 건강도 영원하지 않습니다. 할 수 있는 조건이 갖추어져 있을 때 되도록 많은 공덕을 쌓고, 지혜를 계발하는 노력을 게을리하지 말아야 합니다. 죽음은 누구도 피할 수 없습니다. 언젠가 다가올 죽음을 두려워하기보다 죽음이 임박한 순간에도 편안한 마음을 유지하고 죽음을 당당하게 직면할 수 있는 마음의 준비를 하는 것이 현명합니다. 그리고 그 준비는 지금 이 순간을 어떻게 사는지에 달려 있습니다.

죽음 직전 인식과정의 대상이 다음 생에 미치는 영향

죽음 직전 인식과정의 대상이었던 업·업의 표상·태어날 곳의 표상 중의 하나가 무엇인지에 따라 다음 생에 어떤 곳에 태어날지 결정됩니다.

어떤 수행자는 평생 자신의 몸과 마음을 무상·고·무아로 관찰하는 지혜 수행을 했습니다. 그러다가 나이가 들어 죽음을 맞이하게 되었습니다. 이때 이 수행자에게 좌선 수행을 하는 자신의 모습이 죽음 직전 인식과정의 대상으로 나타났습니다. 이것은 지혜 수행을 하던 모습이 업의 표상으로 나타난 것입니다. 죽음 직전에 나타난 업의 표상이 좌선 수행을 하던 모습이면 이생에 처음 일어나는 마음인 재생연결식의 대상도 좌선 수행을 하던 모습이 됩니다.

이런 사람은 선천적으로 수행에 관심이 있을 수밖에 없습니다. 생이지지生而知之라고 하듯이 조금만 노력해도 지혜가 금방 계발됩니다. 실제로 이생에서 수행하는 것을 쉽게 느끼는 사람도 있고, 어렵게 느끼는 사람도 있습니다. 이것은 전생에 수행을 많이 한 사람과 적게 한 사람의 차이입니다. 결국 전생의 죽음 직전 인식과정의 대상이 금생에 어느 곳에 태어날지를 결정할 뿐만 아니라 금생의 삶에도 많은 영향을 미친다는 것입니다.

여기서 주의할 점은 전생의 업이 금생의 삶에 영향을 주는 것은 사실이지만 그것이 절대적이지는 않다는 것입니다. 색·성·향·미·촉·법의 대상을 만나 인식과정이 일어날 때 그 인식과정이 선한 것인지 불선한 것인지는 전생의 업에 의해서가 아니라 어떻게 마음을 기울이느냐에 따라 결정이 됩니다. '지혜로운 마음기울임 [yoniso manasikāra]'이 있으면 선한 인식과정이 일어나고, '어리석은 마음기울임 [ayoniso manasikāra]'이 있으면 불선한 인식과정이 일어납니다. 이것은 전생의 업이 아니라 현재의 조건인 '마음기울임 [manasikāra]'이 인식과정에 주된 영향을 미친다는 의미입니다.

예를 들어 원수를 만났다고 합시다. 원수를 만나는 것 자체는 전생의 업과 관련이 있습니다. 하지만 원수를 만나서 선한 마음이 일어날 것인지, 불선한 마음이 일어날 것인지는 전적으로 현재의 마음기울임에 의해 결정됩니다. 지혜롭게 마음을 기울이면 선한 마음이 일어나 상대를 용서할 수 있지만, 어리석게 마음을 기울이면 불선한 마음이 일어나 복수하려고 할 것입니다.

보석상의 아들 마하다나와 그의 아내의 경우가 좋은 예입니다. 그들은 많은 재산을 상속받았지만 마하다나가 술과 유흥으로 재산을 탕진했습니다. 결국 그와 그의 아내는 빈털터리가 되어 길거리에서 구걸하는 신세가 되었습니다. 부처님은 아난다 존자에게 이렇게 설명하셨습니다. "만약 마하다나가 젊어서 비구가 되었다면 아라한이 되었을 것이고, 중년에 비구가 되었다면 아나함이 되었을 것이며, 노년에 비구가 되었다면 사다함이 되었을 것이다. 그러나 술로 인해 아무것도 얻지 못하고 거지가 되었다." 이처럼 전생에 수행을 많이 해 아라한이 될 수 있는 큰 지혜를 갖고 태어났더라도 금생에 노력하지 않고 게으름을 부리면 어리석은 사람으로 일생을 마칠 수 있습니다.

이생에 최초의 마음인 재생연결식이 일어납니다. 그리고 한 생 동안 셀 수 없이 많은 마음들이 이어지며 무수한 업을 지은 뒤, 그렇게 지은 업 중에서 가장 강력한 업이 죽음 직전 마음의 대상이 되어 나타납니다. 그리고 이 마음은 다음 생의 재생연결식이 되어 또다시 다음 생이 일어납니다. 이렇게 끊임없이 반복되는 것을 윤회라고 합니다.

재생연결

여러 번 강조했듯이 죽음 직전 인식과정의 대상은 매우 중요합니다. 이 대상에 따라 생산업이 어떤 것인지를 알 수 있기 때문입니다. 생산업이 무엇인지에 따라 재생연결식이 결정되고, 재생연결식에 따라 지옥·축생·아귀·아수라 등 욕계 악처에 태어날지, 인간이나 천상 등 욕계 선처에 태어날지, 색계나 무색계 중의 한 곳에 태어날지가 결정됩니다.

● **욕계 악처의 재생연결**

욕계 불선업이 죽음 직전 인식과정의 대상으로 나타나면 욕계 악처에 태어납니다. 이때 업이 나타나는 형태는 업·업의 표상·태어날 곳의 표상 중 하나입니다. 이 대상이 무엇이냐에 따라 욕계 악처인 지옥·축생·아귀·아수라 중 한 곳에 태어나게 됩니다.

말리까 왕비는 죽음 직전 인식과정의 대상으로 업 자체가 나타난 경우입니다. 일생 동안 많은 선업을 지었지만 단 한 번 남편을 속인 말리까 왕비는 죽음 직전 인식과정의 대상으로 거짓말을 했던 불선한 업이 나타났습니다. 그리고 이로 인해 왕비는 일주일의 짧은 동안이지만 지옥에 태어났습니다.

애완견을 좋아한 어느 여인이 있었습니다. 이 여인에게는 죽음 직전 인식과정의 대상으로 애완견의 모습이 나타났습니다. 애완견에 대한 강한 집착인 불선업이 업의 표상으로 나타난 것입니다. 이 여인은 이 불선업으로 다음 생에 개로 태어나게 되었습니다.

평생 동안 돼지를 잔인하게 죽인 백정 쭌다에게는 죽음 직전 인식과정의 대상으로 활활 타는 지옥의 불길이 나타났습니다. 이것은 불선업이 태어날 곳의 표상으로 나타난 것입니다.

죽음 직전 인식과정의 대상으로 불선업이 나타나면 욕계 악처 중 한 곳에 태어나게 됩니다. 그리고 태어난 생에서 최초로 일어나는 마음인 재생연결식의 대상도 죽음 직전 인식과정의 대상과 같은 것이 됩니다.

● **욕계 선처의 재생연결**

욕계 선업이 죽음 직전 인식과정의 대상으로 나타나면 욕계 선처에 태어납니다. 이때 업이 드러나는 형태 역시 업·업의 표상·태어날 곳의 표상 중 하나입니다. 이 대상이 무엇이냐에 따라 인간 세상이나 욕계 천상계 중 한 곳에 태어나게 됩니다.

일생 동안 선업을 많이 지은 사람은 죽음을 맞이할 때 자신이 지었던 선업을 떠올리면서 죽음을 맞이할 수 있습니다. 이것은 자신의 선업이 업의 형태로 나타나 죽음 직전 인식과정의 대상이 된 경우입니다. 이런 사람은 재생연결식의 대상 역시 자신이 지은 선업이 되어 인간계나 욕계 천상에 태어날 수 있습니다.

어떤 스님은 전생에 열심히 수행을 하고 특히 부처님의 공덕을 기억하는 수행을 많이 해 죽음 직전 부처님의 모습이 나타났습니다. 이것은 부처님에 대한 수행을 열심히 한 선업이 부처님의 모습이라는 업의 표상의 형태로 죽음 직전 인식과정의 대상이 된 경우입니다. 이 스님은 재생연결식의 대상 역시 부처님의 모습이 되어 이생에 사람으로 태어났고 출가해 스님이 되었습니다.

재가 신자인 담미까는 평생 부처님과 스님들에게 보시행을 했습니다. 이런 선업의 결과, 죽음 직전에 각 욕계 천상에서 보내온 여섯 대의 수레가 나타났고 담미까는 그중 도솔천에서 온 수레를 선택했습니다. 이것은 자신의 선업이 도솔천의 수레라는 태어날 곳의 표상의 형태로 나타나 죽음 직전 인식과정의 대상이 된 경우입니다. 담미까는 재생연결식의 대상 역시 도솔천에서 온 수레가 되어 도솔천에 태어났습니다.

욕계에 태어나는 경우에는 죽음 직전 인식과정의 대상이 업·업의 표상·태어날 곳의 표상 세 가지가 모두 될 수 있습니다. 그래서 재생연결식의 대상도 세 가지 모두 가능합니다.

● **색계의 재생연결**

욕계에서 선정 수행을 했더라도 삼매를 얻지 못하고 죽음을 맞이했다면 그 선업의 힘으로 욕계 선처에는 태어날 수 있지만, 색계나 무색계에는 태어날 수 없습니다. 색계나 무색계에 태어나려면 선정에 들어서 죽어야 합니다.

예를 들어 들숨날숨에 대한 알아차림의 방법으로 선정 수행을 한다고 합시다. 들숨날숨에 대한 집중력이 깊어지면 빛의 형태로 표상[nimitta]°21이 나타납니다. 초기에는 목화솜 같은 형태의 빛의 표상이 생깁니다. 점차 집중력이 깊어짐에 따라 표상은 더욱 밝아져서 투명하고 안정되고 깨끗한 빛의 형태로 나타나면서 들숨날숨과 밝은 빛이 일치하게 됩니다. 그러면 들숨날숨에 집중하는 것이나 빛에 집중하는 것이나 차별이 없어집니다. 이때의 빛을 '들숨날숨 표상' 또는 간단히 '표상'이라고 하는데 이것에 대하여 집중함으로써 선정에 들어가게 됩니다. 이렇게 들숨날숨기억 수행을 통해 선정을 얻은 수행자는 죽음 직전 인식과정에 들숨날숨의 표상이 대상으로 나타나서 색계 선정에 들어 죽음을 맞이합니다.

이처럼 색계에 태어나는 경우는 죽음 직전 인식과정의 대상이 반드시 색계 선정의 대상인 표상이어야 합니다. 표상은 삼매를 얻기 위한 도구라고 할 수 있으므로 업의 표상에 해당합니다. 결국 색계나 무색계에 태어날 때는 죽음 직전 인식과정에 업이나 태어날 곳의 표상이 대상으로 나타나는 일은 없고 오직 업의 표상만이 대상으로 나타나는 것입니다.

색계 세상 중 어느 곳에 태어날지는 어떤 선정에 들어서 죽었는지에 따라 달라집니다. 색계 초선정에 들어간 상태에서 죽었다면 색계 초선천에 태어납니다. 색계 초선을 낮은 수준으로 닦았다면 범중천, 중간 정도로 닦았다면 범보천, 수승한 수준에서 닦았다면 대범천에 태어날 수 있습니다. 색계 이선정에 들어서 죽었다면 색계 이선천, 색계 삼선정에 들어서 죽었다면 색계 삼선천, 색계 사선정에 들어서 죽으면 색계 사선천에 태어날 수 있습니다.

그런데 선정을 얻었다고 반드시 색계에 태어나는 것은 아닙니다. 색계 선정을 얻었는데 욕계에 다시 태어나는 경우도 있습니다. 색계에서 선정이 그대로 유지됐으면 욕계에 태어나지 않겠지만, 죽기 전에 화를 내거나 탐욕이 일어나 선정을 잃어버리면 다시 욕계로 태어나게 되는 것입니다. 데와닷따처럼 부처님 몸에 피를 내고, 승가의 화합을 깬 큰 악업을 저지르면 선정이 사라집니다. 이런 경우는 이전에 선정을 얻었다고 해도 큰 악업 때문에 선정이 사라져 버려 죽기 전에 선정에 들 수 없으므로 색계에 태어날 수가 없습니다. 또 보살들은 보시 등의 바라밀 공덕을 쌓고자 하는 강한 원력 때문에 설사 선정을 얻었다고 해도 색계에 태어나지 않고 인간 세상에 다시 태어난다고 합니다.

색계 세상 중에서 무상유정천은 아주 특이한 재생연결의 형태를 보이는 곳입니다. 무상유정천에 태어난 존재는 마음은 없고 몸만 있습니다. 이 몸은 그냥 돌 같은 물질[無情]과는 달리 생명 기능이 있는 물질[有情]로 되어 있습니다. 이곳은 마음이 없이 물질로만 덩그러니 태어나는 곳이기 때문에 재생연결식 자체가 없습니다. 그 세상에 사는 동안에는 그냥 몸만 있다가 몸의 수명이 다하면 그것으로 끝납니다. 마음이 없으니 죽음 직전 인식과정이 없고 그것의 대상인 업이나 업의 표상, 태어날 곳의 표상 같은 것도 일어날 수 없습니다. 그래서 살아 있는 생명체의 몸이 유지될 수 있게 해 주는 물질의 생명 기능이 재생연결식의 역할을 대신합니다.

무상유정천에서 살다가 죽으면 바로 욕계에 태어납니다. 마음 없이 물질로만 존재했으므로 그 생에서는 업을 지을 수 없습다. 그래서 무상유정천에 태어나기 전 지난 생에 지은 적당한 업이 작용해 욕계에 다시 태어나는 것입니다. 무상유정천은 색계 세상이기는 하지만 성자나 보살처럼 의식이 맑은 사람은 가지 않는 세상입니다. 바른 기억이나 삼매, 지혜를 계발하는 것이 불가능하고 아무런 발전도 없이 단지 물질로만 존재하면서 수명만 채우는 세상이기 때문입니다.

● **무색계 재생연결**

무색계의 재생연결도 색계의 재생연결과 마찬가지로 생각하면 됩니다. 단지 다른 점은 죽기 전에 색계 선정이 아닌 무색계 선정에 들어야 한다는 것입니다. 죽기 전에 공무변처 선정에 들어서 죽었다면 공무변처, 식무변처 선정에 들어서 죽었다면 식무변처, 무소유처 선정에 들어서 죽었다면 무소유처, 비상비비상처 선정에 들어서 죽었다면 비상비비상처에 태어나게 됩니다.

무색계 선정도 색계 선정과 마찬가지로 무색계 선정을 얻었다고 해서 반드시 무색계에 태어나는 것은 아닙니다. 선정을 얻었어도 죽기 전에 선정이 사라져 버리면 무색계에 태어날 수가 없습니다.

무색계에서 죽기 전에 화를 내거나 탐욕이 일어나서 선정을 잃어버리면 다시 욕계로 떨어질 수도 있습니다. 그러나 무색계에서 색계로 태어나지는 않습니다. 무색계 선정이 훨씬 고요하고 깊은 선정이므로 무색계 존재들은 색계 선정을 닦지 않기 때문입니다. 그래서 무색계에서 죽으면 자신이 죽은 곳과 동등하거나 더 높은 무색계, 아니면 가장 낮은 욕계에 태어나지 색계에 태어나지는 않습니다. 또한 보살은 보시 등의 공덕을 쌓고자 하는 강한 원력 때문에 설사 무색계 선정을 얻었다고 해도 무색계에 태어나지 않고 인간 세상에 태어납니다.

재생의 법칙

● **범부의 재생의 법칙**

지금 우리가 사는 욕계에서 죽으면 어디에 태어날 수 있고, 색계에서 죽으면 어디에 태어날 수 있고, 무색계에서 죽으면 어디에 태어날 수 있는지를 한번 생각해 보겠습니다.

현재 욕계에 지혜가 있는 존재로 태어났다면 삼계 중 어디에도 다시 태어날 수 있습니다. 이런 사람은 태어날 때 지혜를 가지고 태어났으므로 열심히 노력하면 색계 선정이나 무색계 선정을 얻을 수 있습니다. 욕계에 다시 태어나는 것은 물론이고, 색계 선정을 얻으면 색계 세상에 태어날 수 있으며, 무색계 선정을 얻으면 무색계 세상에도 태어날 수 있습니다. 지혜를 갖춘 재생연결식으로 태어난 존재는 어디라도 다시 태어나는 것이 가능합니다.

우리가 이생에 부처님 가르침을 들으면서 신심을 내고, 또 수행해야 되겠다는 생각을 내는 사람은 대체로 태어날 때부터 지혜를 갖추고 있습니다. 그래서 수행을 잘할 수 있고 대체로 복덕도 많이 갖고 태어납니다.

그러나 지혜가 없는 경우에는 다음 생에 욕계 이외의 다른 곳에서는 태어날 수 없습니다. 이생에 지혜를 갖추고 태어나지 않은 사람이라도 더욱더 열심히 수행해서 지혜를 기르면 다음 생에 색계 선정이나 무색계 선정에 들 수 있는 지혜를 갖춘 존재로 태어날 수 있습니다. 윤회를 하는 과정에서 이러한 지혜를 갖추어야 선정에도 들 수 있고, 해탈할 수도 있는 것입니다.

색계에서 죽은 존재는 색계에 다시 태어날 수도 있고, 무색계 선정을 닦아서 무색계에 태어날 수도 있으며, 욕계에 태어날 수도 있습니다. 색계 존재는 주로 선정에 들어서 살기 때문에 선업이 아주 강합니다. 그래서 색계에서 죽은 사람은 욕계에 다시 태어나더라도 악처가 아닌 선처에 태어납니다. 그 이후 다시 악처로 가게 될 수는 있지만 죽자마자 바로 악처로 태어나지는 않습니다.

한편 무색계에서 죽은 존재는 현재 자기가 사는 세상보다 더 높은 무색계 세상에 태어나거나 아니면 욕계에 태어납니다. 하지만 색계에는 태어나지 않습니다. 무색계 선정이 색계 선정보다 훨씬 고요하고 만족스러우므로 자기가 얻은 무색계 선정보다 더 높은 선정을 닦으려 하지 그보다 낮은 선정을 닦지는 않기 때문입니다. 무색계에서 죽은 존재는 욕계에 다시 태어나더라도 항상 지혜를 갖춘 존재로 태어납니다. 무색계는 색계보다 선정의 힘이 훨씬 더 강하기 때문에 설사 욕계에 다시 태어나더라도 지혜를 갖춘 존재로 태어나는 것입니다.

성자가 아닌 범부는 색계나 무색계처럼 고귀하고 복덕이 많은 세상에 태어났다가도 또다시 욕계에 태어날 수 있습니다. 욕계에 태어나면 언제라도 악업을 저질러 악처에 떨어질 수 있습니다. 욕계, 색계, 무색계의 삼계 중 아무리 좋은 세상에 태어나고 수명이 아무리 길다고 하더라도 그것은 영원한 것이 아니므로 윤회의 과정에서 악처에 다시 태어날 가능성을 항상 가지고 있습니다. 우리가 윤회하는 한 삼계의 그 어느 세상도 안전하지 않습니다. 이것을 이해하는 것이 매우 중요합니다.

● **성자의 재생의 법칙**

성자의 재생연결은 범부와는 다릅니다. 성자는 수다원과·사다함과·아나함과·아라한과를 얻은 사람을 말하는데 이들은 범부와는 다른 윤회의 과정을 거칩니다.

범부는 아무리 좋은 세상에 태어났더라도 또다시 욕계에도 가고 그러다가 악처인 지옥에도 가면서 뱅글뱅글 돌 수 있습니다. 부처님이 되고자 보살행을 실천하는 보살도 부처님의 깨달음을 얻기 전까지는 범부입니다. 그래서 보살행을 닦는 기간 중에 악처에 태어날 수도 있습니다.

하지만 깨달음을 얻은 성자는 자신이 태어난 곳에서 더 낮은 세상으로 절대 후퇴하지 않습니다.

욕계에서 수다원 이상의 성자가 되면 죽어서 악처에는 절대로 떨어지지 않고 인간계 아니면 천상계에 태어납니다. 그리고 적어도 일곱 생 안에는 반드시 아라한이 됩니다. 수다원이 되는 순간 윤회의 위험에서 완전히 벗어나는 것이 보장됩니다. 범부로 돌아가고 싶다고 해서 돌아갈 수 없습니다. 이 언덕에서 저 언덕으로 완전히 건너간 것입니다. 성자는 마음이 없이 물질로만 존재하는 무상유정천에도 절대 태어나지 않습니다. 그래서 욕계에서 성자가 되면 지옥, 축생, 아귀, 아수라의 악처 네 곳과 무상유정천, 이 다섯 가지 세상을 제외하고는 어디라도 태어날 수 있습니다.

성자가 색계에서 죽으면 어떻게 될까요? 범부는 색계에서 죽어 욕계로 떨어지는 경우가 있습니다. 또 색계에서 이전에 얻었던 수준의 선정을 잃어 색계 이선천에서 초선천으로, 사선천에서 삼선천으로 내려오는 경우도 있습니다. 그러나 성자는 색계에서 죽어 절대로 욕계로 떨어지지 않습니다. 자기가 속해 있는 세상, 그 위로 태어나지 아래로는 절대로 태어나지 않기 때문입니다.

무색계의 경우도 마찬가지입니다. 범부는 무색계에서 죽어 더 높은 무색계로 태어나기도 하고 욕계로 떨어질 수도 있습니다. 그러나 성자는 무색계에서 죽어 욕계로 떨어지지 않습니다. 무색계에서 지금 사는 세상보다 더 높은 세상으로 태어나지 그보다 낮은 세상으로 떨어지지는 않습니다.

성자의 재생연결에서 또 다른 특징은 꼭대기 영역에 머무르는 성자는 다른 영역으로 옮겨 가지 않는다는 것입니다. 꼭대기 영역이란 색계나 무색계 중에서 최상층에 있는 세상을 말합니다. 색계에서는 색계 사선천의 광과천이나 색구경천이 꼭대기 영역입니다. 색구경천은 아나함만이 태어날 수 있는 정거천의 꼭대기 영역이고, 광과천은 아나함이 되기 전의 성자들이 태어날 수 있는 꼭대기 영역입니다. 무색계는 비상비비상처가 꼭대기 영역입니다. 이 세 가지 중 한 곳에 태어난 성자는 다른 곳으로 옮겨 가지 않고 그곳에서 아라한이 되어 무여열반無餘涅槃에 들게 됩니다.

성자가 된 존재는 윤회를 하더라도 악처에는 절대 태어나지 않으며 현재 자기가 사는 세상보다 낮은 영역에도 태어나지 않습니다. 더 이상의 퇴보가 없는 불퇴전不退轉의 존재이기 때문에 윤회를 벗어날 발판을 마련한 존재라고 할 수 있습니다. 이와는 달리 범부는 윤회를 할 때 아무리 고귀한 세상에 태어났더라도 항상 퇴보할 가능성을 가지고 있으므로 절대 안전하지 않습니다. 그러므로 이생에서 사람으로 태어나 불법을 만난 이 소중한 기회를 놓치지 말고 더 이상 퇴보가 없는 성자의 반열에 들 수 있도록 열심히 수행정진해야 할 것입니다.

4장. 십이연기, 윤회의 원리와 구조

윤회의 원리와 구조를 밝히다

부처님께서는 깨달음을 얻기 전에 약 6년간 극심한 고행을 하셨습니다. 그러나 고행은 자신을 학대하고 괴롭힐 뿐이며 고행을 통해서는 깨달음을 얻을 수 없다는 것을 통찰하셨습니다. 그래서 감각적 욕망의 행복에 탐닉하는 것과 고행의 양극단은 수행의 올바른 길이 아니며 어린 시절 농경제 행사 때 경험하셨던 선정의 행복을 기반으로 지혜를 계발하는 중도中道가 깨달음의 길이라고 확신하시게 되었습니다. 이런 확신을 바탕으로 보리수 아래서 깨달음을 얻기 전에는 절대 일어나지 않으리라는 굳은 결심을 하고 앉아서 들숨날숨기억 수행을 통해 네 가지 색계 선정을 차례로 얻으셨습니다.

그런 다음 그날 초야初夜, 즉 저녁 6시부터 10시 사이에 색계 사선정을 바탕으로 수많은 전생의 갖가지 삶을 기억해 내는 숙명통宿命通을 얻었습니다. 부처님은 숙명통을 통해 헤아릴 수 없이 많은 전생의 모습들을 자세히 기억했고, 이를 통해 존재의 실상은 물질과 정신 또는 다섯 무더기의 결합일 뿐이라는 것을 분명히 꿰뚫어 보았습니다.

그렇게 자신의 수많은 전생을 보고 나서 중야中夜, 즉 밤 10시부터 새벽 2시 사이에 색계 사선정을 바탕으로 존재들의 죽고 태어나고, 좋은 곳에 태어나고 나쁜 곳에 태어나는 것을 꿰뚫어 아는 지혜인 천안통天眼通을 얻습니다. 부처님은 천안통을 통해 존재가 자신이 지은 업에 따라 선처 또는 악처에 태어나는 것을 분명히 꿰뚫어 알게 됩니다.

그 다음 후야後夜, 즉 새벽 2시부터 6시 사이에 색계 사선정을 바탕으로 사성제四聖諦를 있는 그대로 꿰뚫어 알아 모든 번뇌를 소멸하는 지혜인 누진통漏盡通을 얻게 됩니다. 다시 말해서 존재의 실상은 물질과 정신의 결합이며 물질과 정신은 조건을 의지하여 일어나므로 존재는 무상하고 괴로움이며 무아라는 것을 드러내는 고성제苦聖諦, 존재가 태어나는 원인이 갈애라는 것을 드러내는 집성제集聖諦, 갈애가 소멸하면 존재가 다시 태어나지 않는 열반에 이르게 됨을 드러내는 멸성제滅聖諦, 괴로움의 소멸로 인도하는 도 닦음이 팔정도, 즉 중도임을 드러내는 도성제道聖諦를 있는 그대로 꿰뚫어 알게 되어 모든 번뇌를 소멸하고 깨달음을 얻으신 것입니다.

또 부처님은 존재가 어떻게 윤회하는지를 분명하게 꿰뚫어 보시고 십이연기十二緣起를 깨닫게 됩니다. 십이연기의 일어남의 관찰, 즉 순관順觀을 통해 존재가 어떻게 태어나는지를 분명히 꿰뚫어 보셨고, 십이연기의 사라짐의 관찰, 즉 역관逆觀을 통해 존재가 어떻게 다시 태어나지 않는지를 분명히 꿰뚫어 보셨습니다. 이렇게 부처님은 사성제와 십이연기를 깨달아 모든 번뇌를 소멸하고 깨달음을 얻으셨습니다. 그때가 기원전 588년, 세존의 나이 35세, 음력 4월 보름날이었습니다.

수많은 삶, 윤회 속을 헤매며

집 짓는 자를 찾았지만 찾지 못하여

계속해서 태어남은 괴로움이었네.

오, 집 짓는 자여!

이제 그대를 보았으니

그대는 더 이상 집을 짓지 못하리라.

서까래는 부서졌고 대들보는 뿔뿔이 흩어졌으며

마음은 열반에 이르러

갈애의 소멸을 성취했노라.

___『법구경 이야기』, 게송 153·154번

부처님이 깨달으신 것은 무엇일까요? 부처님은 윤회가 왜 일어나는지, 어떻게 윤회를 하게 되는지, 이런 윤회의 구조, 즉 십이연기에 대해서 명확히 알게 되신 것입니다.

윤회의 원리를 정확히 알아야 윤회로부터 벗어나는 길도 알 수 있습니다. 그래서 윤회가 왜 일어나고, 어떻게 일어나는지에 대해 먼저 통찰하는 것이 아주 중요합니다. 이러한 윤회의 원리와 구조를 체계적으로 설명한 가르침이 십이연기입니다. 십이연기를 모르면 고통으로부터 벗어날 수 없고, 해탈할 수 없습니다. 그래서 연기를 이해하는 것이 불교 수행을 하는 데 있어서 매우 중요한 것입니다. 아난다 존자가 부처님께 이런 말을 한 적이 있습니다.

"경이롭습니다, 세존이시여. 놀랍습니다, 세존이시여. 세존이시여, 이 연기는 참으로 심오합니다. 그리고 참으로 심오하게 드러납니다. 그러나 이제 제게는 분명하고 또 분명한 것으로 드러납니다."

"아난다여, 그와 같이 말하지 말라. 아난다여, 그렇게 말하지 말라. 이 연기는 참으로 심오하다. 그리고 참으로 심오하게 드러난다. 아난다여, 이 법을 깨닫지 못하고 꿰뚫지 못하기 때문에 이 사람들은 실에 꿰어진 구슬처럼 얽히게 되고 베 짜는 사람들의 실타래처럼 헝클어지고, 문자 풀처럼 엉키어서 처참한 곳, 불행한 곳, 파멸처, 윤회를 벗어나지 못한다."

___『디가 니까야』, 「대인연경」

윤회의 기본 틀을 이해하면 괴로움이 어떻게 일어나는지, 괴로움이 어떻게 소멸하는지를 분명히 알 수 있으므로 우리가 앞으로 어떻게 살아야 하는지에 대한 답이 나옵니다. 당장 해탈을 하지는 못하더라도 어떻게 사는 것이 장기적으로 이익이 되는지를 아는 것은 매우 중요합니다. 그런 이치를 모르고 사는 것은 암흑 속에 사는 것과 마찬가지입니다. 어떻게 살면 행복해지고, 어떻게 살면 괴로워지는지를 모르면 좌충우돌의 삶을 살 수밖에 없습니다. 십이연기는 윤회의 구조에 대해 명확한 이해와 통찰을 하게 해 줌으로써 어떻게 사는 것이 정말로 우리 삶에 이익이 되는지를 알려

주는 소중한 가르침입니다.

연기란 무엇인가

연기緣起라고 쓸 때의 연緣은 '조건, 인연'이라는 뜻이고, 기起는 '일어나다'라는 뜻입니다. 원래 빨리어로 연기를 빠띳짜paṭicca 사뭅빠다samuppāda라고 하는데, 빠띳짜는 '의지하여', '~을 조건으로'라는 뜻이고, 사뭅빠다는 '일어난다'는 뜻입니다. 이것을 중국에서 연기라고 번역했고, 영어로는 dependent origination이라고 합니다. 그래서 연기는 '조건 따라 일어난다' 또는 '의지하여 일어난다'라는 의미입니다.

연기의 가르침이 왜 중요한지를 이해하려면 부처님 당시의 사상 체계를 이해해야 합니다. 부처님 당시에는 여러 종류의 외도들의 가르침이 있었습니다. 이러한 외도의 가르침을 크게 두 가지로 나눈다면, 하나는 절대적인 브라만이 변화해 이 세상이 전개된다고 보는 관점입니다. 그래서 브라만과 각 개인에게 내재된 영원 불멸하는 자아[atman]를 동일시해 일체화를 지향합니다. 다른 하나는 지地, 수水, 화火, 풍風 등의 여러 요소가 결합해 우주의 모든 것이 형성되었다고 보는 관점입니다. 그들은 사람이 죽으면 이 모든 요소는 분해되고 그것으로 끝이라고 주장했습니다.

첫 번째 사상은 존재가 죽어도 자아는 사라지지 않고 영원하다고 생각하는 상견이고, 두 번째 사상은 존재가 죽으면 모든 것이 끝이라고 생각하는 단견입니다. 이런 견해가 대세이던 당시 상황에서 부처님은 상견과 단견, 둘 다 진리가 아님을 설파하셨습니다. 이 세상은 어떤 절대자에 의해서 이루어진 것도 아니고, 영원한 자아가 있는 것도 아니며, 죽으면 모든 게 끝나는 것도 아니라 어떤 분명한 원리에 의해서 움직인다는 것입니다. 그 분명한 원리란 '모든 것은 조건이 형성되면 일어났다가, 조건이 사라지면 소멸한다.' 라는 것입니다.

이것은 당시의 사상 체계로 보면 굉장한 전환입니다. 지금의 우리는 이것을 쉽게 받아들이지만 '조건 따라 일어난다.'는 이 말 한마디가 당시로는 획기적인 가르침이었고, 그것으로 말미암아 엄청난 반향이 일어납니다. 사리뿟다 존자가 그 말 한마디를 듣는 순간 수다원이 되었을 정도로 조건 따라 일어난다는 말에는 심오한 진리가 내포되어 있습니다.

조건 따라 일어난다는 말을 이해하면 무상無常함도 이해하게 됩니다. 조건 따라 일어나는 것은 조건이 사라지면 소멸하기 마련인 것이므로 영원할 수 없어서 무상합니다. 또한 무상하다는 것은 불완전함을 의미하기 때문에 괴로움[苦]의 특성이 있습니다. 무상하고 괴로움인 것은 '일어난 법이여 사라지지 말라.'고 한다거나 '괴로움이여 일어나지 말라.'라고 해도 그렇게 될 수 없으므로 현상들을 내 마음대로 통제할 수 있는 자아[我]는 없습니다. 그래서 무상하고 괴로움인 것은 무아無我입니다. 이처럼 연기를 이해하면 무상함뿐만 아니라 괴로움과 무아에 대한 이해도 이루어집니다. 이렇게 연기를 제대로 이해하는 것이 곧 불교를 제대로 이해하는 것입니다.

연기를 제대로 이해하지 못하면 어느 것이 진짜 부처님 가르침인지 끊임없이 혼란이 옵니다. 바른 견해를 세우기 위해서는 연기를 이해하는 것이 매우 중요합니다. 실제로 수행을 하다 보면 연기에 대한 통찰이 생기고, 연기에 대한 이해가 점점 깊어지는 것을 알 수 있습니다. 지혜의 향상은 연기를 얼마나 깊이 이해하느냐와 비례한다고도 할 수 있습니다.

연기는 두 가지 부분으로 나눠집니다. '조건 짓는 법'이 있고, '조건 따라 생긴 법'이 있습니다. 이 두 가지의 인과관계를 드러낸 것을 연기라고 합니다. 예를 들어 십이연기 중 제일 처음에 '무명無明이 있으므로 의도적 행위[行]가 있다.'라고 설하셨는데 이것은 무명이라는 조건에 의해서 의도적 행위가 일어난다는 뜻입니다. 여기에서 앞에 있는 무명은 뒤의 결과가 일어나기 위한 조건을 지어 주는 법이기 때문에 '조건 짓는 법'이라고 하고, 뒤에 나오는 의도적 행위는 무명이라는 조건에 의해서 일어난 결과이기 때문에 '조건 따라 생긴 법'이라고 합니다.

조건은 여러 가지 조건들의 화합입니다. 한 가지만이 조건이라고 볼 수 없습니다. 예를 들어 나무가 꽃을 피우고 열매를 맺으려면 땅도 필요하고, 햇빛도 필요하고, 물도 필요합니다. 이런 조건들이 두루 갖추어져야 비로소 열매를 맺을 수 있지 그중 하나의 조건이라도 빠지면 제대로 된 열매를 맺을 수 없는 것과 마찬가지입니다. 다만 무명 때문에 의도적 행위가 있다고 이야기할 때는 의도적 행위가 일어나게 하는 조건 중 가장 주된 조건이 무명이라는 것을 말하는 것입니다.

경전에 나오는 정형구를 보면 "이것이 있으므로 저것이 있고, 이것이 일어나므로 저것이 일어난다."라고 되어 있습니다. 마치 두 개의 막대기가 서로 기대어 서 있듯이 하나가 지탱해 줌으로써 다른 것이 서 있을 수 있고, 하나가 지탱해 주지 못하면 다른 것도 서 있을 수 없는 것이 연기의 기본적인 구조입니다.

십이연기의 구조

부처님은 연기의 구조를 무명無明·의도적 행위[行]·의식[識]·정신과 물질[名色]·여섯 감각 장소[六處]·접촉[觸]·느낌[受]·갈애[愛]·취착[取]·존재[有]·태어남[生]·늙음과 죽음[老死]의 열두 가지 요소로 설명하십니다.

부처님은 출가를 말리는 대신들에게 말씀하셨습니다. "당신들이 내게 영원히 죽지 않는 방법을 가르쳐 준다면 출가하지 않겠다. 당신들이 내게 영원히 늙지 않는 방법을 가르쳐 준다면 출가하지 않겠다. 당신들이 내게 영원히 병들지 않는 방법을 가르쳐 준다면 출가하지 않겠다."

부처님은 생로병사라고 하는 문제, 모든 살아 있는 생명체가 가지고 있는 근원적인 문제를 해결하기 위해 출가하신 것입니다. 그래서 처음 연기를 고찰할 때 늙음과 죽음이 왜 일어나는가, 거기서부터 거꾸로 고찰해 들어갔습니다.

'늙음과 죽음은 왜 일어나는가. 그것은 태어남이 있기 때문이다. 태어남은 왜 일어나는가. 그것은 존재°22 때문이다. 존재는 왜 일어나는가. 그것은 취착 때문이다. 취착은 왜 일어나는가. 그것은 갈애 때문이다. … 의도적 행위는 왜 일어나는가. 그것은 무명 때문이다.' 이런 식으로 고찰해 들어가다 보니 늙음과 죽음이 일어나는 가장 근원적인 이유가 무명 때문이라는 것을 알게 된 것입니다. 이는 곧 '무명이 없으면 의도적 행위가 사라진다. 의도적 행위가 없으면 의식도 사라진다. … 태어남이 없으면 늙음과 죽음도 사라진다.' 이렇게 해서 결국 무명이 없으면 태어남도 늙음과 죽음도 사라진다는 것을 꿰뚫어 알게 됩니다. 부처님은 이 같은 연기의 구조를 통해 우리가 이 세상에서 고통 받는 원인을 이해하고, 그것을 극복하고 해탈하는 방법을 설명하신 것입니다.

● **무명을 조건으로 의도적 행위가 일어난다**

무명은 빨리어 아윗자avijjā의 번역인데 이는 a(부정어) + √ vid(to know, to feel)에서 파생된 명사입니다. 그래서 아윗자는 대상의 본성을 있는 그대로 꿰뚫어 알지 못하는 어리석음을 의미합니다. 불교에서 말하는 무명, 즉 어리석음은 세상의 있는 그대로의 진리인 연기 또는 사성제를 모르는 것을 말합니다. 다시 말해서 어리석음은 네 가지 성스러운 진리에 대한 무지, 즉 괴로움, 괴로움의 일어남, 괴로움의 소멸, 괴로움의 소멸로 인도하는 길을 모르는 것입니다. 그런데 부처님은 다섯 무더기 자체가 괴로움이라고 설하셨으므로 어리석음은 다섯 무더기, 다섯 무더기의 일어남, 다섯 무더기의 소멸, 다섯 무더기의 소멸에 이르는 길을 모르는 것이라 할 수도 있습니다. 예를 들어 탐욕을 모르는 것, 탐욕의 일어남을 모르는 것, 탐욕의 완전한 소멸을 모르는 것, 탐욕을 버리는 방법을 모르는 것이 무명입니다.

사람들은 누구나 행복을 추구합니다. 하지만 대부분 행복을 원하면서도 오히려 괴로움의 길을 갑니다. 그것은 무엇이 진짜 행복인지 모르기 때문입니다. 자기 나름대로 행복을 추구하면서 살아가지만, 진리의 입장에서 바라보면 그것은 실제로 행복해지는 방법이 아닐 수 있습니다.

『반야심경』에 전도몽상顚倒夢想이라는 말이 나옵니다. 이 세상을 볼 때 연기와 사성제 등의 진리에 입각해서 바로 봐야 하는데 어리석음으로 인해 세상을 왜곡해서 보는 것을 말합니다. 괴로운 것을 괴로운 것으로 보고, 행복한 것을 행복한 것으로 봐야 하는데, 행복하지 않은 것을 행복으로 잘못 아는 왜곡된 인식이 일어나는 것입니다. 그래서 무명에 의한 왜곡이 큰 문제가 됩니다. 불교의 목적은 괴로움의 소멸이기 때문에 괴로움을 행복으로 잘못 아는 인식의 전도, 마음의 전도, 견해의 전도를 버리는 것이 아주 중요합니다. 그렇지 않으면 괴로움을 행복으로 착각하고 좇기 때문에 마치 동쪽으로 가기를 원하면서 서쪽으로 가는 사람처럼 아무리 노력해도 괴로움을 소멸할 수 없을 것입니다.

이 세상이 괴로움이라고 말하면 별로 공감하지 않는 사람들이 있습니다. 나에게는 사랑하는 사람도 있고, 돈도 많고, 자식들도 건강하니 충분히 행복하다고 생각할 수 있습니다. 보통 괴로움이라고 하면 몸이 아프거나, 화가 나서 마음이 괴롭거나, 가족이 죽어서 괴로움이 일어나는 등의 '고통스러운 느낌'만을 말합니다. 이것을 고고苦苦[dukkha dukkha]라고 하며 쉽게 이해할 수 있습니다.

그런데 우리가 행복하다고 느끼는 '행복한 느낌'은 두 가지, 즉 감각적 욕망의 행복과 벗어남의 행복으로 나누어집니다. 먼저 '감각적 욕망의 행복'은 원하는 형상, 소리, 냄새, 맛, 감촉, 생각 등의 대상을 얻음으로써 생기는 행복입니다. 감각적 욕망의 행복은 즐거움은 적고, 재난은 많을 뿐만 아니라, 집착이 함께하므로 그것이 사라질 때 큰 괴로움을 경험합니다. 예를 들어 남녀가 사랑할 때는 서로가 없으면 죽고 못 살 만큼 사랑해서 큰 행복을 느꼈더라도, 헤어지게 되면 행복이 컸던 만큼 고통도 크게 일어납니다.

다음으로 '벗어남의 행복'은 욕망을 버림으로써 생기는 행복입니다. 그래서 벗어남의 행복은 고요하고, 평화롭고, 만족스러운 행복이며, 감각적 욕망의 행복과는 달리 재난보다는 즐거움의 속성이 훨씬 많습니다. 하지만 벗어남의 행복도 영원하지 않고 소멸하기 마련인 것이므로 그것이 사라질 때 정신적 고통을 경험합니다. 이처럼 두 가지 형태의 행복한 느낌은 모두 현존할 때는 행복이지만 그것이 사라지면 괴로움이 일어납니다. 그래서 행복한 느낌은 사라짐으로 인해 생기는 고통이라는 의미에서 괴고壞苦[vipariṇāma-dukkha]라고 합니다.

'평온한 느낌'은 대상과의 접촉 등의 조건을 의지해서 일어나므로 조건이 없어지면 그것은 소멸하기 마련입니다. 이렇게 조건을 의지해서 형성된 것은 소멸하기 마련이므로 무상하고, 무상한 것은 불완전하고 불확실하므로 괴로움의 특성이 있습니다. 이처럼 평온한 느낌은 조건에 의해 형성된 법이기 때문에 괴로움의 특성이 있다는 의미에서 행고行苦[sakhāra-dukkha]라고 합니다.

이처럼 불교에서는 존재가 경험하는 괴로운 느낌뿐만 아니라 행복한 느낌조차도 괴로움의 특성이 있다고 봅니다. 다시 말해 느낌 자체가 괴로움의 특성이 있으며, 느낌은 눈과 형색, 귀와 소리, 코와 냄새, 혀와 맛, 몸과 감촉, 마음과 법의 접촉을 통해 일어나기 때문에 느낌이 일어나기 위해서는 존재가 있어야 합니다. 이처럼 존재가 있으면 느낌이 일어나고, 느낌은 괴로움의 특성이 있으므로 존재하면서 완전한 행복을 실현하는 것은 불가능합니다. 이것은 존재 자체가 괴로움의 특성이 있다는 것을 의미합니다.

하지만 존재들은 무명으로 말미암아 존재로 태어나는 것이 행복이라고 착각합니다. 이것이 가장 근원적인 무명입니다. 이를 바탕으로 계속 태어나고 싶다는 존재에 대한 갈애가 생기게 되어 윤회가 계속되는 것입니다. 하지만 무명을 버리고 존재 자체가 괴로움의 특성이 있다는 것을 있는 그대로 꿰뚫어 본다면 윤회에서 벗어나 괴로움을 소멸하고 완전한 행복인 열반을 실현할 수 있을 것입니다.

무명, 즉 어리석음은 대상을 잘못 이해해 진리를 덮어 버리는 심리 작용입니다. 무명으로 인해 대상을 잘못 안 것을 좋아해 집착하는 것이 탐욕입니다. 반대로 잘못 안 것을 싫어하는 마음이 일어나는 것은 성냄입니다. 이처럼 무명은 모든 불선한 마음의 공통된 원인임을 알 수 있습니다.

사람들은 권력을 잡았을 때 그 권력을 멋대로 행사하기도 하고 돈이 많다고 가난한 사람을 무시하기도 합니다. 이런 행동에는 자기가 가진 권력이나 부가 영원하다고 생각하는 어리석음이 깔려 있습니다. 이로 인해 자신의 부나 권력에 대한 자만심이 일어난 것입니다. 또 무명으로 말미암아 살생은 악행이며 그것은 나쁜 결과를 초래한다는 인과를 알지 못하면 살생을 할 수도 있습니다. 이런 경우는 살생이 해로운 것임을 모르는 무명 때문에 욕계 불선한 마음이 일어난 것입니다.

이와 반대로 무명이 선한 마음의 원인이 될 수도 있습니다. 어떤 수행자가 무명을 대상으로 무명조차도 조건에 의해 발생했기 때문에 무상하고, 괴로움이며, 무아라고 통찰한다면 이는 무명으로 인해 지혜가 있는 선한 마음이 일어나는 것입니다. 또 어떤 수행자가 색계 존재로 태어나는 것이 행복이라고 잘못 아는 무명으로 인해 색계 존재의 삶을 열망합니다. 그러면 이 수행자는 열심히 선정 수행을 실천하여 결국 색계 선정을 얻어 색계 존재로 태어날 수도 있습니다. 이것은 무명 때문에 색계 선한 마음이 일어나는 경우입니다. 무색계 유익한 마음도 마찬가지로 생각하면 됩니다.

물론 무명을 완전히 소멸하고 윤회에서 벗어나기 위해서 색계 선정이나 무색계 선정을 계발할 수도 있습니다. 이 경우도 무명을 조건으로 색계 유익한 마음이나 무색계 유익한 마음이 일어난 것입니다.

이처럼 무명은 불선한 마음이나 선한 마음이 일어나게 하는 원인입니다. 그런데 이 선한 마음과 불선한 마음이 일어날 때의 의도적 행위를 행行[saṅkhāra]이라고 합니다. 불선한 마음이나 선한 마음이 일어나는 것은 곧 불선한 의도적 행위[不善行]와 선한 의도적 행위[善行]를 짓는 것입니다. 그래서 무명으로 인해 의도적 행위[行]가 일어난다고 하는 것입니다.

그러면 우리가 항상 선행을 실천하려면 어떻게 해야 할까요? 먼저 무엇이 선한 마음이고, 무엇이 불선한 마음인지를 잘 이해해야 합니다. 우리는 나름대로 행복이라고 믿는 것을 끊임없이 추구하며 살아갑니다. 하지만 그것이 실제로 우리에게 행복을 주는 경우는 많지 않습니다. 무명으로 인해 어떤 것이 선행인지, 어떤 것이 우리를 진정으로 행복하게 해 주는지를 잘 모르기 때문입니다. 중생들이 윤회할 때 대부분은 선처를 원하지만, 실제로는 악처를 자기 집 드나들듯이 드나들고, 선처는 가끔 여행 가듯이 간다고 부처님도 말씀하셨습니다. 그래서 불교를 공부하는 데 가장 중요한 것 중의 하나가 선한 마음과 불선한 마음을 잘 구별하는 것이고 이 것을 바른 견해라고 합니다.

불교에서 말하는 선한 마음은 열반에 이르는 데 유익한 마음이고, 불선한 마음은 열반에 이르는 데 해로운 마음입니다. 어떤 것이 선한 마음이고, 어떤 것이 불선한 마음인지를 이해하면 불선행은 짓지 않고, 선행을 실천하려는 올바른 가치관이 서게 될 것입니다. 불선한 행을 자주 하면 끊임없이 악처를 헤매며 고통을 받는 윤회의 길을 가게 되겠지만, 선한 행을 자주 하면 언젠가는 해탈에 이르게 될 것입니다. 이런 사실을 아는 것이 바로 우리가 불교를 만난 가장 큰 이익 중의 하나입니다.

욕계 불선행

불선행의 대표적인 것이 십불선행입니다. 우리가 자주 독송하는 『천수경』의 「십악참회」에 나오는 살생殺生, 투도偸盜, 사음邪淫, 망어妄語, 기어綺語, 양설兩舌, 악구惡口, 탐애貪愛, 진에瞋恚, 치암癡暗의 열 가지가 바로 십불선행입니다. 열 가지 불선행은 악처에 태어날 생산업이 되는 중한 의도적 행위이므로 절대 짓지 않도록 노력해야 합니다.

우리는 몸으로 불선행을 하기도 하고, 말로 불선행을 하기도 하고, 마음으로 불선행을 하기도 합니다. 몸으로 짓는 불선행은 살생, 투도, 사음입니다. 살생은 남의 목숨을 죽이는 것이고, 투도는 남의 재물을 빼앗는 것이고, 사음은 자기 배우자 이외에 다른 사람과 성행위를 하는 삿된 음행을 말합니다.

말로 짓는 불선행은 망어, 기어, 양설, 악구입니다. 망어는 거짓말을 하는 것이고, 양설은 사람들을 이간질하는 것이고, 악구는 욕설같이 거친 말을 하는 것이고, 기어는 쓸데없는 잡담을 하는 것을 말합니다. 어느 연예인이 잘생겼다거나, 누가 무엇을 입었다는 등 우리 삶에 보탬이 되지 않는 쓸데없는 말로 시간을 보내는 것도 입으로 짓는 불선행 중의 하나입니다.

마음으로 짓는 불선행은 탐애, 진에, 치암을 말합니다. 탐애는 대상에 탐착하는 것이고, 진에는 대상에 적대감을 갖는 것이고, 치암은 어리석음을 바탕으로 사견을 갖는 것입니다. 탐착이 심하면 큰 악행을 저지르기 쉽습니다. 갖고 싶은데 가질 수 없으면 도둑질을 하거나 심지어 상대를 죽여서라도 뺏으려고 합니다. 성냄도 큰 악행으로 발전될 수 있습니다. 아주 강한 성냄은 전쟁을 일으켜 세상을 파괴할 수도 있습니다. 사견은 그릇된 견해를 말하는데 매우 중한 업입니다. 자기 나름대로 이것이 진리라며 확정한 사견을 가진 사람은 부처님의 말씀도 들으려 하지 않고 자신의 그릇된 견해를 고집할 것이므로 매우 위험합니다.

이런 열 가지 불선행들은 욕계 악처, 즉 지옥·축생·아귀·아수라에 태어나게 하는 원인이 되기 때문에 욕계 불선행이라고 합니다. 우리가 불법을 알지 못했다면 무엇이 선행이고, 무엇이 불선행인지 알기가 매우 어려웠을 것입니다. 실제로 부처님의 가르침을 들으면 어떤 것이 내 삶에 이익이 되고, 어떤 것이 불이익이 되는지가 명확해집니다. 불선행이 당장은 나에게 즐거움을 주는 것 같지만 멀리 내다보면 엄청난 불이익을 주는 행위라는 것을 알 수 있습니다.

선행: 보시·지계·선정·지혜

우리가 짓는 선업 중에 대표적인 것이 아낌없이 주는 보시布施, 계율을 지키는 지계持戒, 삼매를 계발하는 선정 수행, 지혜를 계발하는 지혜 수행입니다. 이 중 보시를 제외하고 지계·선정·지혜를 계戒·정定·혜慧 삼학三學이라고 합니다.

초기불교의 근본적인 수행 방법인 팔정도도 이 계·정·혜로 나눌 수가 있습니다. 팔정도 중 바른 견해와 바른 사유[正思惟]는 혜에, 바른 말[正語]·바른 행위[正業]·바른 생계[正命]는 계에, 바른 정진·바른 기억[正念]·바른 삼매[正定]는 정에 해당합니다. 팔정도는 괴로움의 소멸로 이르게 하는 길이므로 보시행은 포함되지 않습니다. 보시는 복을 받게 하지만 괴로움의 소멸로 향하게 하는 직접적인 원인은 아니기 때문입니다.

하지만 괴로움의 소멸로 인도하는 길인 팔정도를 닦기 전에 보시를 통해 공덕을 많이 지어 놓지 않으면 수행할 수 있는 조건을 만나기가 힘듭니다. 당장 먹고 살기도 힘든 상황이라면 법회에 참석하거나 부처님 가르침을 공부할 수 있겠습니까. 전생에 쌓아 놓은 보시행의 공덕으로 생활의 여유도 있고, 여러 가지 기본적인 여건이 갖추어져 있어야 수행을 하는 것이 가능합니다.

지계는 세속오계를 지키는 것이나 팔정도 중의 바른 말·바른 행위·바른 생계를 말합니다. 세속오계는 재가자들이 지켜야 할 계율로 살생하지 말 것, 도둑질하지 말 것, 그릇된 음행을 하지 말 것, 거짓말하지 말 것, 술이나 정신을 취하게 하는 약물을 삼가할 것의 다섯 가지 계입니다.

바른 말은 말로 짓는 악행을 하지 않는 것입니다. 거친 말을 하지 않고 부드럽게 말하고, 거짓말하지 않고 진실을 말하고, 남들을 이간질하지 않고 화합시키는 말을 하고, 쓸데없는 말을 하지 않고 법담을 나누는 것을 말합니다. 부처님께서는 법담이 아니면 침묵하라고 말씀하셨습니다. 말로써 짓는 네 가지 불선행을 행하지 않고 삼가는 것이 선행입니다.

바른 행위는 살생하지 않고, 도둑질하지 않고, 부도덕한 음행을 하지 않는 것입니다. 몸으로 짓는 세 가지 불선행을 행하지 않고 삼가는 것이 선행입니다.

바른 생계는 올바른 직업을 통해서 생계를 유지하는 것을 말합니다. 인신매매, 무기·마약·독약 판매 등 다른 사람에게 해를 끼치는 일로써 생계를 유지하지 않고 정당하게 노력하고 땀 흘려서 생계를 유지하는 것입니다.

부처님은 일반 재가자들에게 법문하실 때 보시와 지계를 많이 강조하셨습니다. 보시와 지계를 통해 악처에 떨어지지 않고, 선처인 인간계나 욕계 천상계에 태어날 수가 있기 때문입니다. 이를 시계생천施戒生天이라고 합니다.

사마타 수행, 즉 선정 수행은 고요하고 집중되고 청정한 마음인 삼매를 닦는 수행입니다. 선정 수행을 통해 우리가 얻는 선정은 다음 생에 태어날 세상과 관련이 있습니다. 색계 선정을 얻는 것은 색계 세상에 태어날 수 있는 원인이 되고, 무색계 선정을 얻는 것은 무색계 세상에 태어날 수 있는 원인입니다. 그래서 색계 선정을 색계 선행이라고 하고, 무색계 선정을 무색계 선행이라고 합니다. 열심히 선정을 닦았다면 비록 선정에 들어가지는 못했더라도 선정을 닦은 공덕은 있습니다. 완전히 몰입된 삼매인 선정은 얻지 못했어도 삼매를 열심히 닦은 공덕은 욕계 선행에 해당합니다.

위빠사나 수행, 즉 지혜 수행은 물질과 정신 현상을 있는 그대로 관찰함으로써 현상의 실상實相을 있는 그대로 통찰하는 지혜인 반야般若[paññā]를 닦는 수행을 말합니다. 특히 현상의 본질이 무상하고, 괴로움이며, 무아임을 통찰하는 지혜를 계발하는 수행입니다. 지혜 수행을 하는 것도 아주 강한 욕계 선행에 해당하고, 그것은 우리를 욕계 선처로 인도합니다.

우리가 이생에 바로 아라한이 되면 좋겠지만 아라한이 되지 못하고 계속 윤회하는 한 일단은 좋은 세상에 태어나야 합니다. 좋은 세상에 태어나서 좋은 환경에 처해야 수행을 계속 이어갈 수 있기 때문입니다. 아라한이 되기 전까지는 윤회에서 벗어날 수 없으니 윤회를 하는 과정에서 일단 좋은 환경에 태어날 수 있도록 부지런히 선행을 지어야 합니다. 선행은 우리를 선처로 인도하고, 불선행은 우리를 악처로 인도하므로 어떤 것이 선이고, 어떤 것이 불선인지를 명확하게 아는 것이 중요합니다.

'선善도 생각하지 말고, 악惡도 생각하지 말라.'는 선사들의 말씀에 혼란을 느끼는 불자들이 있습니다. 이 같은 말씀은 선과 악을 잘 분별할 줄 아는 지혜로운 수행자를 아라한이 되게 하는 법문이지, 선이 뭔지 불선이 뭔지 정확히 분별하지 못하는 사람에게 해당하는 법문이 아닙니다. 어리석은 사람에게 이런 말은 오히려 독이 될 수도 있습니다.

어느 날 도둑 두 명이 부처님께서 법문하고 계시는 제따와나로 갔습니다. 한 사람은 선한 업이 충분하여 부처님 가르침을 경청해 수다원이 되었지만, 또 한 사람은 오직 훔치는 데만 정신이 팔려 법문 듣는 사람들의 주머니를 털어 돌아왔습니다. 법문을 듣고 수다원이 된 도둑이 빈손으로 집에 돌아오자 아내와 친구가 물건을 하나도 훔치지 못하고 돌아왔다며 놀려댔습니다. 그 이야기를 들은 부처님이 다음의 게송을 읊으셨습니다.

자신이 어리석다고 생각하는 어리석은 자는
오히려 지혜로운 자이지만
자신이 지혜롭다고 생각하는 어리석은 자는

그야말로 정말 어리석은 자이다.

___『법구경 이야기』, 게송 63번

이것이 바로 우리 삶의 모습일 수 있습니다. 훔치지 않아 굶고 있는 사람을 바보 같다고 생각하고, 훔쳐서 잘 먹고 잘사는 것을 현명하다고 생각하고 있지는 않습니까? 부처님의 법문을 듣고 배우고 수행하여 바른 지혜를 갖춰 왜곡된 생각에서 벗어나야 합니다.

● 의도적 행위를 조건으로 의식이 일어난다

무명에 의해 일생 동안 수많은 의도적 행위가 일어납니다. 그 의도적 행위 중에서 가장 뚜렷한 것이 생산업이 되고, 그로 인해 자신이 태어날 세상에 재생연결식이 일어납니다. 만약 욕계 불선행이 생산업이면 욕계 악처에, 욕계 선행이 생산업이면 욕계 선처에, 색계 선행이 생산업이면 색계 세상에, 무색계 선행이 생산업이면 무색계 세상에 재생연결식이 일어나는 것입니다. 이처럼 자신이 지은 의도적 행위에 따라 식識, 즉 재생연결식이 일어나는 것을 '의도적 행위를 조건으로 의식이 일어난다.'라고 합니다.

과거에 지었던 의도적 행위의 결과는 재생연결식으로도 나타나지만, 삶의 과정에서도 나타납니다. 의도적 행위가 다음 생에 태어날 곳을 결정하는 재생연결식을 일어나게 할 수도 있지만, 삶의 과정에서 과보의 마음을 생기게도 한다는 뜻입니다. 초기불교에서는 우리가 형색을 아는 눈 의식[眼識], 소리를 아는 귀 의식[耳識], 냄새를 아는 코 의식[鼻識], 맛을 아는 혀 의식[舌識], 감촉을 아는 몸 의식[身識] 등은 과거에 지은 의도적 행위에 의한 결과라고 봅니다.

선행을 많이 한 사람은 주로 좋은 형색이 보이고, 듣기 좋은 소리가 들리고, 좋은 냄새를 맡고, 맛있는 음식을 만나고, 몸에 좋은 감촉이 일어납니다. 선행에 의한 좋은 과보로 원하는 다섯 의식이 많이 일어나는 것입니다. 반면에 악행을 많이 한 사람은 보기 싫은 형색이 보이고, 귀에 거슬리는 소리가 들리고, 나쁜 냄새를 맡고, 맛없는 음식을 만나고, 몸에 고통스러운 감촉이 일어납니다. 불선행에 의한 나쁜 과보로 원하지 않는 다섯 의식이 많이 일어나는 것입니다.

이처럼 삶의 과정에서도 의도적 행위가 작용합니다. 선행은 삶을 행복하게 하는 방향으로 나타나서 좋은 과보를 이끌어 내고, 불선행은 삶을 불행하게 만드는 방향으로 나타나서 나쁜 과보를 생기게 합니다.

● **의식을 조건으로 정신과 물질이 일어난다**

『상윳따 니까야』「사꺄무니 고타마 경」에서 부처님께서는 "무엇이 있을 때 정신·물질이 있으며, 무엇을 조건으로 하여 정신·물질이 있는가? 비구들이여, 나는 지혜로운 마음 기울임을 통해서 마침내 '의식이 있을 때 정신·물질이 있으며, 의식을 조건으

로 하여 정신·물질이 있다.'라고 통찰지로써 관통하였다."라고 하
셨습니다. 무명 때문에 의도적 행위가 있고, 의도적 행위 때문에
의식이 있고, 의식이 조건이 되어 정신과 물질이라는 결과가 일어
납니다. 정신과 물질은 이 세계를 이루는 모든 요소를 아울러 말하
는 것입니다. 이 세계에 존재하는 모든 것들은 다섯 무더기, 즉 색
色·수受·상想·행行·식識의 적절한 조합으로 볼 수 있는데, 이 중
에서 색은 물질에 해당하고 나머지 수·상·행·식은 정신에 해당합
니다. 정신과 물질은 명색名色이라고도 하는데 명은 정신을, 색은
물질을 말합니다.

초기불교에서는 정신°23, 즉 수·상·행·식을 다시 '마음[心,
citta]'과 '마음부수[心所, cetasika]°24'로 구분합니다. 식은 마음이고,
수·상·행 세 가지는 마음부수입니다. 마음은 단지 대상을 아는 역
할만 합니다. 그래서 마음만으로는 대상을 자세히 알 수 없으므로
마음을 도와줄 심리 작용이 필요합니다. 이를 마음부수라고 합니
다. 마음부수는 느낌, 인식, 의도, 탐욕, 성냄, 어리석음, 기억, 지혜,
집중 등이 있습니다.

마음과 마음부수는 반드시 함께 일어나고, 함께 사라집니다.
마음은 왕이고, 마음부수는 그 왕을 도와주는 신하라고 비유할 수
있습니다. 왕이 가는 데 신하가 따라가지 않는 경우는 없고, 왕 없
는 신하도 있을 수 없는 것처럼, 마음과 마음부수는 따로 일어나지
않고 반드시 같이 일어납니다. 그리고 마음과 마음부수는 항상 같
은 대상을 가집니다. 마음은 산을 대상으로 일어나는데 마음부수

가 강을 대상으로 일어나는 일은 없습니다. 마음과 마음부수는 토대가 또한 같습니다. 마음이 눈을 토대로 일어나면 마음부수도 눈을 토대로 일어나고, 마음이 귀를 토대로 일어나면 마음부수도 귀를 토대로 일어납니다. 이렇듯 마음과 마음부수는 떨어지려야 떨어질 수 없는 불가분의 관계입니다.

다음으로 물질은 우리 몸과 그 밖의 모든 사물을 통틀어 말합니다. 사람의 몸, 동물의 몸, 보석, 무기, 책상 등이 모두 물질입니다. 이 같은 모든 물질은 땅의 요소[地]·물의 요소[水]·불의 요소[火]·바람의 요소[風]의 네 가지 근본 물질과 파생 물질로 구성되어 있습니다.

먼저 욕계나 색계에 재생연결이 일어나는 경우, 전생 업에 의해 새로운 생이 시작될 때 그 생에서 최초로 재생연결식[마음]이 일어납니다. 이 순간에 재생연결식만 일어나는 것이 아니라 마음부수도 함께 일어나고, 업을 조건으로 생긴 물질도 함께 일어납니다. 여기서 재생연결식은 의식에 해당하고, 마음부수는 정신에 해당하며, 업에서 생긴 물질은 물질에 해당합니다. 그래서 의식[재생연결식]을 조건으로 정신[마음부수]과 물질[업을 조건으로 생긴 물질]이 일어난다고 말하는 것입니다.

재생연결식 이후 삶의 과정에서는 삶 속에서 일어나는 모든 마음이 의식에 해당하고, 마음과 함께 일어나는 마음부수는 정신에, 업·마음·온도·음식을 원인으로 생긴 물질 중 적당한 것이 물질에 해당합니다. 그래서 의식을 조건으로 정신과 물질이 생긴다고 하는 것입니다.

　다음으로 무색계에 재생연결식이 일어나는 경우 무색계는 물질이 없으므로 마음만이 상속됩니다. 그래서 마음이 의식에 해당하고 마음과 함께 일어나는 마음부수가 정신에 해당하므로 식으로 인해 정신만이 일어납니다. 하지만 결과인 정신이 정신과 물질에 포함되기 때문에 식으로 인해 정신과 물질이 일어난다고 말할 수 있습니다. 무색계에서 삶의 과정 중 일어나는 마음들도 마찬가지입니다.

　이처럼 어떤 경우에도 의식을 조건으로 정신과 물질이 생긴다고 할 수 있습니다.

● **정신과 물질을 조건으로 여섯 감각 장소가 일어난다**

　처處[ayatana]는 마음과 마음부수가 머물고 만나는 장소란 뜻에서 감각 장소라고 하므로 육처六處는 여섯 감각 장소를 말합니다. 여섯 감각 장소는 눈의 감각 장소[眼處], 귀의 감각 장소[耳處], 코의 감각 장소[鼻處], 혀의 감각 장소[舌處], 몸의 감각 장소[身處], 마노의 감각 장소[意處]를 말합니다. 이들 중에서 눈의 감각 장소, 귀의 감각 장소, 코의 감각 장소, 혀의 감각 장소, 몸의 감각 장소는 물질의 감각 장소이고, 마노[25]의 감각 장소는 정신의 감각 장소입니다.

　마음과 마음부수는 매 순간 함께 일어나므로 마음과 마음부수는 서로 조건이 됩니다. 그런데 마음은 마노의 감각 장소와 동의

어이고, 마음부수는 정신이라 할 수 있으므로 정신이 일어나면 마노의 감각 장소가 일어납니다. 또 마음과 마음부수가 일어날 때마다 업을 조건으로 생긴 물질이 함께 일어나고 이 물질 중에는 눈의 감각 장소, 귀의 감각 장소, 코의 감각 장소, 혀의 감각 장소, 몸의 감각 장소가 포함되어 있습니다. 따라서 정신[마음부수]을 조건으로 마노의 감각장소[마음]와 다섯 물질의 감각 장소가 일어납니다. 이것은 정신을 조건으로 여섯 감각 장소가 일어남을 의미합니다.

또 눈, 귀, 코, 혀, 몸의 감각 장소를 조건으로 눈 의식, 귀 의식, 코 의식, 혀 의식, 몸 의식이 일어납니다. 그런데 눈, 귀, 코, 혀, 몸의 감각 장소는 물질이며 다섯 의식은 마노의 감각 장소(마음 또는 의식) 중의 하나이므로 물질을 조건으로 마노의 감각 장소가 있다고 할 수 있습니다. 마노의 감각 장소는 여섯 감각 장소에 포함되므로 물질을 조건으로 여섯 감각 장소가 일어난다고 할 수 있습니다. 두 가지 경우를 종합하면 물질과 정신을 조건으로 여섯 감각 장소가 일어난다고 할 수 있습니다.

사람의 경우를 예로 들어보면 사람으로 태어날 때 재생연결식[의식]과 마음부수[정신]가 일어나고 동시에 아주 미세한 몸[물질]이 함께 생겨납니다. 그런 후에 삶의 과정에서 정신(마음과 마음부수)이 일어날 때마다 업을 원인으로 생긴 물질도 생성되면서 정신·물질이 일어납니다. 이렇게 정신·물질이 계속 이어지면서 점차 여섯 감각 장소가 완전히 갖추어진 인간의 모습이 됩니다.

● 여섯 감각 장소를 조건으로 접촉이 일어난다

여섯 감각 장소를 넓은 의미로 말할 때는 안의 여섯 감각 장소와 밖의 여섯 감각 장소로 나눌 수 있습니다. 안의 여섯 감각 장소는 눈, 귀, 코, 혀, 몸, 마노라고 하는 여섯 가지의 감각 장소이고, 밖의 여섯 감각 장소는 형색, 소리, 냄새, 맛, 감촉, 법이라고 하는 여섯 가지 대상입니다. 우리가 대상을 인식할 때는 감각 장소와 대상의 접촉이 일어납니다. 다시 말하면 눈과 형상이 접촉하여 눈 의식이, 귀와 소리가 접촉하여 귀 의식이, 코와 냄새가 접촉하여 코 의식이, 혀와 맛이 접촉하여 혀 의식이, 몸과 감촉이 접촉하여 몸 의식이, 마노와 법이 접촉하여 마노 의식이 일어납니다.

감각 장소인 안의 여섯 감각 장소와 대상인 밖의 여섯 감각 장소가 부딪힐 때 여섯 의식이 일어나는 것을 접촉[觸]이라고 합니다. 만약에 눈을 통해 접촉이 일어났으면 눈 접촉[眼觸], 귀를 통해 접촉이 일어나면 귀 접촉[耳觸]이라고 합니다. 코 접촉[鼻觸], 혀 접촉[舌觸], 몸 접촉[身觸], 마노 접촉[意觸]도 마찬가지로 생각하면 됩니다. 그래서 안의 여섯 감각 장소와 밖의 여섯 감각 장소로 인해서 접촉이 일어난다고 말하는 것입니다. 안의 여섯 감각 장소와 밖의 여섯 감각 장소는 모두 여섯 감각 장소에 포함되므로 결국 여섯 감각 장소로 인해 접촉이 일어난다고 말할 수 있습니다.

● 접촉을 조건으로 느낌이 일어난다

접촉[觸]은 빨리어 팟사phassa의 번역으로 이는 기능[根]과 대상[境]이 만나서 의식[識]이 일어나는 것을 말합니다. 형색과 눈을 조건으로 눈 의식이 일어나는 것을 눈 접촉, 귀와 소리를 조건으로 귀 의식이 일어나는 것을 귀 접촉, 냄새와 코를 조건으로 코 의식이 일어나는 것을 코 접촉, 맛과 혀를 조건으로 혀 의식이 일어나는 것을 혀 접촉, 감촉과 몸을 조건으로 몸 의식이 일어나는 것을 몸 접촉, 법과 마노를 조건으로 마노 의식이 일어나는 것을 마노 접촉이라 합니다.

이렇게 눈 접촉, 귀 접촉, 코 접촉, 혀 접촉, 몸 접촉, 마노 접촉이 이루어질 때 형색, 소리, 냄새, 맛, 감촉, 법에 대하여 행복한 느낌이나 괴로운 느낌이나 행복하지도 괴롭지도 않은 느낌이 일어납니다. 이를 두고 접촉을 조건으로 느낌[受]이 일어난다고 말합니다.

세 가지 느낌을 좀 더 자세히 분류하면 육체적인 행복한 느낌[sukha]과 정신적인 행복한 느낌[somanassa], 육체적인 괴로운 느낌[dukkha]과 정신적인 괴로운 느낌[domanassa], 행복하지도 괴롭지도 않은 평온한 느낌[upekkā]의 다섯 가지로 나눌 수도 있습니다.

예를 들어 부드러운 이불이 피부에 닿으면 육체적인 행복한 느낌이 일어나고, 물이 펄펄 끓는 주전자에 손을 대면 육체적인 괴로운 느낌이 일어납니다. 또 마노[意]에 좋은 생각[法]이 일어날 때는 정신적인 행복한 느낌이나 평온한 느낌이 일어나고, 마노에 과거의 괴로웠던 기억이 일어날 때는 정신적인 괴로운 느낌이 일어납니다. 이처럼 안의 감각 장소와 밖의 감각 장소가 접촉할 때 느낌이 일어납니다.

● **느낌을 조건으로 갈애가 일어난다**

갈애는 탐욕[lobha]의 한 형태이며, 대상을 거머쥐는 특징이 있고, 포기하지 않으려는 모습으로 나타납니다. 또한 갈애는 아무리 많은 것을 가져도 만족하지 않는 성질이 있습니다. 부처님은 탐욕이 많은 사람은 하늘에서 황금비가 내려도 만족하지 않는다고 하셨습니다. 이처럼 아무리 가져도 만족하지 않고 목마른 자가 물에 대한 갈증이 나듯이 대상에 집착하기 때문에 갈애라고 표현한 것입니다.

갈애는 대상의 종류에 따라 여섯 가지 형태로 나타납니다. 형색에 대한 갈애, 소리에 대한 갈애, 냄새에 대한 갈애, 맛에 대한 갈애, 감촉에 대한 갈애, 법에 대한 갈애입니다. 이렇게 여섯 대상에 대하여 행복한 느낌이나 괴로운 느낌, 평온한 느낌이 생겨나는데 이때 세 가지 느낌에는 잠재 성향이 잠재되어 있습니다. 잠재 성향은 평소에는 마음이 상속되는 과정에서 가능성으로만 잠재되어 있다가 조건이 갖추어지면 일어나는 해로운 심리 현상을 말합니다. 행복한 느낌은 존재들이 좋아하고 원하는 것이므로 그것을 환영하고, 계속 즐기고자 움켜쥐면 탐욕의 잠재 성향이 일어나기 쉽고, 괴로운 느낌이 일어나는 대상은 존재들이 거부하고 원하지 않는 것이므로 그것에 대하여 근심하고, 상심하고, 슬퍼하는 성냄의 잠재 성향이 일어나기 쉽습니다. 그리고 괴롭지도 행복하지도 않은 느낌이 일어날 때는 그것이 분명하지 않기 때문에 그것의 일어남과 사라짐과 달콤함과 재난과 벗어남을 있는 그대로 알지 못하는 어리석음[無明]의 잠재 성향이 일어나기 쉽습니다.

갈애를 다른 방식으로 분류하면 감각적인 대상에 집착하는 '감각적 욕망에 대한 갈애[慾愛, kāma-taṇhā]', 존재로 계속 태어나고 싶어 하는 '존재에 대한 갈애[有愛, bhava-taṇhā]', 존재로 다시 태어나고 싶어 하지 않는 '비존재에 대한 갈애[無有愛, vibhava-taṇhā]'의 세 가지로 나눌 수 있습니다.

우리는 행복한 느낌이나 평온한 느낌은 좋아하고, 괴로운 느낌은 싫어합니다. 그래서 행복하거나 평온한 느낌은 계속 포기하지 않고 즐기고 싶은 갈애가 일어납니다. 예를 들어 좋아하는 이성과 만나 손을 잡을 때나 학자가 자신의 이론이나 결과에 대해 만족할 때 행복한 느낌이나 평온한 느낌이 일어나는데 이때 일어난 좋은 느낌을 계속 즐기고 싶고 사라지지 않고 영원히 존재하기를 바라는 갈애가 일어납니다.

하지만 괴로운 느낌에 대해서는 사라지기를 바라고, 다시 일어나지 않기를 바라는 갈애가 일어납니다. 이렇게 행복하거나 평온한 느낌에는 그 대상에 대해 계속 집착하는 갈애가 일어나고, 괴로운 느낌에 대해서는 사라지기를 바라는 갈애가 일어납니다. 그래서 느낌을 조건으로 갈애가 일어난다고 할 수 있습니다.

● **갈애를 조건으로 취착이 일어난다**

취착[取]은 갈애가 더 강해진 것을 말합니다. 사람들은 자기가 좋다고 느끼는 것에 집착하고 그것을 반복해서 얻으려고 노력하게 됩니다. 예를 들어 어떤 이성을 만났을 때 느낌이 좋아 갈애가 일어났다고 해도 그냥 그걸로 끝날 수도 있습니다. 그런데 점점 갈애가 강해지면서 그 사람을 못 보면 괴로울 정도로 강하게 집착하게 되는데 이런 상태가 취착입니다. 그래서 갈애를 조건으로 취착이 일어난다고 하는 것입니다.

취착에는 감각적 대상에 강하게 집착하는 '감각적 욕망에 대한 취착', 자아와 같이 영원불멸하는 실체가 있다고 생각하는 상견이나 죽으면 모든 것이 끝이라고 주장하는 단견과 같은 '사견에 대한 취착', 종교적인 의례 의식을 행하거나 적당한 계율을 지킴으로써 해탈에 이를 수 있다고 집착하는 '계율과 의식에 대한 취착', 다섯 무더기를 자아라고 집착하는 '자아의 교리에 대한 취착'의 네 가지가 있습니다.

● **취착을 조건으로 존재가 일어난다**

존재[有, bhāva]는 업 존재[業有, kamma bhāva]와 재생 존재[生有, upapatti bhāva]의 두 가지 의미가 있지만, 여기서는 대체로 업 존재의 의미이며 업 존재는 업이 가진 업력業力을 말합니다.

취착을 조건으로 유익한 업을 짓기도 하고, 해로운 업을 짓기도 합니다. 그래서 취착을 조건으로 욕계 업 존재가 일어납니다. 우리가 짓는 업은 순간적으로 일어나고 사라지지만, 업이 가진 가능성인 업력은 남아 있어서 조건이 성숙하면 존재를 태어나게 합니다. 업력 그 자체가 존재인 것은 아니지만 존재가 일어나는 원인이기 때문에 업력을 업 존재라고 하는 것입니다. 취착은 대상에 집착하는 심리 현상이므로 취착의 위험성을 모르고 그것에 압도되면 취착을 조건으로 해로운 업 존재가 일어납니다. 반면에 취착의 위험성을 통찰하여 취착을 버리려고 한다면 그것을 조건으로 유익한 업 존재가 일어납니다.

음식에 대한 취착이 일어난다면 취착과 함께하는 의도인 해로운 업 존재가 일어날 것입니다. 재물에 대하여 취착했지만, 재물을 얻지 못하거나 얻었던 재물이 사라지면 성냄이 일어나기 때문에 취착을 조건으로 성냄과 함께하는 의도인 해로운 업 존재가 일어납니다. 인과를 부정하는 사견에 취착하면서 사람을 죽이는 행위를 할 때 살생과 함께하는 의도인 해로운 업 존재가 일어납니다.

반면에 취착이 일어날 때, 취착은 위험한 것이라 관찰하면 지혜가 생기기 때문에 취착을 조건으로 지혜와 함께하는 의도인 유익한 업 존재가 일어납니다. '자아'는 영원하다는 견해에 취착해 천국에 태어나 영원히 행복하게 살기 위해서 기부와 봉사를 한다면 이때도 취착을 조건으로 유익한 업 존재가 일어납니다. 선정을 기반으로 있는 그대로 보는 여실지견이 생겨서 취착을 소멸시킬 수 있다고 통찰해 색계 선정이나 무색계 선정을 계발한다면 취착을 조건으로 색계 업 존재나 무색계 업 존재가 일어나는 것입니다.

이렇게 취착을 조건으로 욕계 업 존재, 색계 업 존재, 무색계 업 존재가 일어납니다. 취착을 조건으로 존재가 일어나는 것입니다.

● 존재를 조건으로 태어남이 일어난다

이 단계에서의 존재는 업 존재만을 말합니다. 욕계에 대한 집착이 강하면 욕계에 태어납니다.

업 존재에 따라 삼계의 서른한 가지 세상 중 한 곳에서 태어남[生]이 일어납니다. 여기서 태어남은 실제로 욕계·색계·무색계 존재 중의 하나로 태어나는 것을 말하는데, 이는 재생 존재[生有]와 같은 의미입니다. 그래서 존재를 조건으로 태어남이 일어난다고 합니다.

예를 들어 욕계 유익한 업 존재는 살생·도둑질·삿된 음행을 삼가는 의도처럼 몸으로 짓는 업[身業]과, 거짓말·거친 말·이간질하는 말·쓸데없는 말을 삼가는 의도처럼 말로써 짓는 업[口業], 탐욕·적의·그릇된 견해를 삼가는 의도처럼 마음으로 짓는 업[意業]이 있습니다. 욕계 유익한 업 존재는 삶의 과정에서 원하는 형상, 소리, 냄새, 맛, 감촉 등을 자주 경험하게 하는 좋은 과보가 일어나게 하고, 죽고 난 후에는 인간이나 천상과 같이 행복이 많은 곳[善處]에 태어나게 합니다. 색계 초선정, 색계 이선정, 색계 삼선정, 색계 사선정 등의 색계 유익한 업 존재는 색계 세상에 태어나게 합니다. 공무변처, 식무변처, 무소유처, 비상비비상처의 무색계 유익한 업 존재는 무색계 존재로 태어나게 합니다.

반면에 욕계 해로운 업 존재는 살생·도둑질·삿된 음행을 짓는 것처럼 몸으로 짓는 업과, 거짓말·거친 말·이간질하는 말·쓸데없는 말을 짓는 것처럼 말로써 짓는 업, 탐욕·적의·그릇된 견해와 함께하는 의도처럼 마음으로 짓는 업이 있습니다. 욕계 해로운 업 존재는 삶의 과정에서 원하지 않는 형상, 소리, 냄새, 맛, 감촉 등을 자주 경험하게 하는 나쁜 과보가 일어나게 하고, 죽고 난 후에는 지옥, 축생, 아귀 등과 같이 괴로움이 많은 곳[惡處]에 태어나게 합니다.

● **태어남을 조건으로 늙음·죽음이 일어난다**

태어남을 조건으로 늙음·죽음[老死]과 슬픔·비탄·고통·불만족[憂悲苦惱]이 일어납니다. 우리는 태어나는 순간부터 늙어 가기 시작합니다. 살면서 가족의 죽음이나 사람들과의 다툼을 겪으며 괴로워하기도 하고, 많은 재산과 높은 명예로 행복하다가도 한순간 그것들을 잃고 절망하기도 합니다. 또한 이런저런 일들로 온갖 슬픔, 비탄, 고통, 불만족과 고뇌를 수없이 경험합니다.

그리고 언젠가 결국 죽습니다. 삶이 얼마나 지속할지는 불확실하지만, 우리가 결국 죽는다는 것은 확실합니다. 이 모든 일은 태어남이 있기에 일어나는 것입니다. 그래서 생을 조건으로 늙음·죽음과 슬픔·비탄·고통·불만족이 일어난다고 하는 것입니다.

이렇게 태어나서 늙음과 죽음을 맞이하더라도 업이 남아 있으면 다시 태어나고 또 수많은 업을 지으면서 늙고 병들고 죽습니다. 존재는 끝없이 생로병사를 되풀이하며 윤회합니다. 이것이 십이연기입니다.

십이연기의 세 가지 시기와 인과

십이연기를 다시 한 번 정리하면, 무명 때문에 의도적 행위가 일어나고, 의도적 행위를 조건으로 의식이 일어나고, 의식을 조건으로 정신과 물질이 생깁니다. 그다음 여섯 감각 장소, 접촉, 느낌, 갈애, 취착, 존재, 태어남, 늙음·죽음이라고 하는 윤회의 바퀴가 끊임없이 돌아갑니다.

우리는 무명으로 인해 행복이 아닌 것을 행복이라 잘못 알고 있습니다. 그래서 자신이 행복이라고 생각하는 것을 얻고자 하는 행위를 합니다. 그때의 의도가 의도적 행위입니다. 무명과 의도적 행위, 이 두 가지를 과거의 원인이라고 합니다.

과거에 일어난 무명과 의도적 행위를 조건으로 현재 생이 일어나는데 이생에서 최초로 일어나는 마음을 재생연결식[의식]이라고 합니다. 재생연결식이 일어난 순간부터 또 계속 정신과 물질이 이어지면서 여섯 감각 장소가 갖추어집니다. 여섯 감각 장소를 조건으로 바깥 대상과의 접촉이 일어나고, 그때 느낌이 일어나면 그 대상에 대한 갈애가 일어나고, 갈애가 강해지면 취착이 되는데, 그 취착으로 인해 또 존재, 즉 업 존재가 생깁니다. 이렇게 의식에서부터 존재까지가 현재에 해당합니다. 그중에서도 의식부터 느낌까지는 과거의 원인에 의한 현재의 결과이고, 갈애부터 존재까지는 현재의 원인입니다.

이 현재의 원인들인 갈애, 취착, 존재가 태어남과 늙음·죽음이라는 미래의 결과를 일으킵니다. 이와 같이 십이연기는 과거 생의 원인에 의해서 현재의 결과가 있고, 현재의 원인에 의해서 미래의 결과가 일어나는 윤회의 구조를 설명하고 있습니다.

5장. 무아인데 어떻게 윤회하는가

많은 사람들은 윤회를 생각할 때 윤회의 주체가 있어야 하지 않겠냐고 묻습니다. 무아인데 어떻게 밥도 먹고 말도 하는 삶을 살아갈 수 있냐고도 합니다. 이것은 무아를 '아무것도 없다'는 의미로 이해했기 때문입니다. 일부 학자들조차도 윤회와 무아를 모순되는 개념으로 이해하고, 윤회와 무아가 어떻게 양립할 수 있는지에 대한 논문과 책을 내기도 합니다.

한편 어떤 학자들은 인도에 있던 윤회라는 개념을 부처님께서 답습한 것이라고 주장합니다. 그러나 부처님께서 말씀하시는 윤회의 원리와 과정은 원래 인도에 있던 것과 전혀 다릅니다. 불교란 무엇인가를 이해하고 나면 윤회와 무아가 서로 모순되는 측면이 아니라 불교가 다른 종교와 가장 차별되는 가르침이라는 걸 알게 될 것입니다.

존재의 발생에 대한 견해와 진리

존재에 관한 근본적인 의문이 있습니다. 먼저 '태어나 있는 '나'라는 존재, 이 존재란 무엇인가', '나는 누구인가'입니다. 살아 있는 모든 생명체에 대한 공통된 의문입니다. 이러한 질문 이후에는 '존재는 왜 일어나는가'에 대한 의문이 따릅니다.

이와 같은 두 가지 의문에 대하여 부처님 당시 육사외도六師

外道라고 불리는 여섯 명의 큰 스승들은 물론 수많은 사상가들이 나름대로 이야기했습니다. 또한 존재 발생의 이유에 대해서도 나름의 해답을 찾고 제시했습니다. 이러한 과정에서 나온 것이 많은 종교의 견해라고 할 수 있습니다.

그런데 이러한 견해는 잘못 이해되면 문제를 일으킬 소지가 있습니다. 한 예가 종교 테러입니다. 우리가 익히 알고 있듯 세계의 몇몇 단체나 사람들은 잔혹한 테러를 저지르면서 이것이 자신의 종교를 위하는 일이라 생각하고, 그로 인해 자신들이 천국에 갈 수 있다고 생각합니다. 하지만 실상은 그렇지 않습니다.

존재에 대한 두 가지 의문에 대해 부처님께서는 체계적으로 정리하여 아주 분명히 말씀하셨습니다. 존재는 다섯 무더기의 결합이며, 존재는 갈애라는 조건을 의지해서 태어난다는 연기의 가르침을 설하신 것입니다.

부처님은 연기의 가르침에 대해 "이것은 여래가 이 세상에 출현하든 하지 않든 존재하는 원리이다."라고 말씀하셨습니다. 부처님께서 만들어 낸 가르침이 아니라, 이 세상이 존재하고 돌아가는 원리를 부처님 스스로 발견하고 깨달으신 것입니다.

● **견해와 진리의 차이**

견해와 진리는 다릅니다. 이 사람이 보면 이렇게 드러나고, 저 사람이 보면 저렇게 드러나는 것은 진리라고 할 수 없습니다. 있는 그대로를 보지 못하고 실제와는 상관없이 자기 나름의 생각을 굳

히면 그것은 견해입니다. 빨리어로 삿짜^{sacca}라고 하는 진리란 지혜를 가진 사람이라면 누가 봐도 똑같이 볼 수밖에 없는 것입니다. 있는 그대로의 세상의 모습 또는 존재의 모습이 진리입니다.

한 예로 과학이 발달하면서 창조론은 부정되고 있습니다. 물리학과 천체물리학 등이 발전하면서 빅뱅 등 여러 조건에 의해 우주가 만들어졌다는 것이 밝혀지고 있습니다. 다른 예로 과거에는 천동설이 옳다는 견해가 지배적이었지만, 이후 지동설이 옳은 것으로 밝혀졌습니다. 이처럼 견해는 시간이 지나면 변할 수 있습니다. 다시 말해 세월이 흘러 더 나은 견해가 나타나면 무너지기 마련입니다. 하지만 진리는 다릅니다. 아무리 세월이 지나도 깨지지 않고 변하지도 않습니다.

견해는 무수히 많습니다. 초기경전이 결집될 때 가장 먼저 결집된 『디가 니까야』의 첫 번째 경전인 「범망경」 앞부분에는 계에 대한 내용이 나오고, 뒷부분에는 인간이 가질 수 있는 그릇된 견해를 예순두 가지로 자세히 설명해 놓았습니다. 사람들이 '이것이 존재의 모습이고, 세상의 모습이다.'라고 할 수 있는 나름의 견해를 총망라한 것입니다. 그래서 이 경전을 '견해의 그물'이라고 합니다. 이 그물을 빠져나갈 견해는 없다는 것입니다. 이렇게 견해가 많다는 건 세상의 진리를 보는 것이 그만큼 어려운 일임을 의미합니다. 지구상의 70억 인구 개개인은 모두 자기 나름의 견해를 가질 수 있습니다. 그러나 실제 진리에 얼마나 일치하는가는 전혀 다른 문제입니다.

5장. 무아인데 어떻게 윤회하는가

경전이 결집될 때 「범망경」을 가장 먼저 내놓은 이유는 무엇일까요? 바른 견해가 올바르게 서지 않으면 수행의 방향을 잘못 잡고 가게 됩니다. 엉뚱한 방향으로 수행을 실천하면 수행이 제대로 될 리 없습니다. 그래서 예순두 가지의 잘못된 견해를 바로잡고 올바른 방향으로 가도록 하는 바른 견해를 밝히기 위해서입니다.

● **존재와 윤회에 관한 두 가지 견해**

존재란 무엇이고, 왜 발생하는가? 이에 대해 어떤 사람들은 영원불변하는 실체, 혹은 자아나 주체가 있어 존재를 통제하고 이끌어 나가며 그것이 윤회한다고 믿습니다. 또 존재 발생의 원인을 신에 두기도 합니다. 절대적인 신이 이 세상을 창조했다고 보는 견해로, 조물주에 의해 이 세상에 존재가 발생했다는 것입니다.

다른 견해는 존재가 우연히 발생했다는 것입니다. 존재란 적당한 물질들이 일시적으로 모여 있다가 사라지는 것으로, 영원한 주체나 실체는 없고 죽으면 끝이라고 봅니다.

앞의 견해는 영원한 자아나 영혼, 진아眞我가 있어 그것은 변하지 않으며, 마치 옷을 바꿔 입듯 몸만 바꾸며 윤회한다고 봅니다. 뒤의 견해는 실체라는 것은 없고, 존재란 물질이 우연 발생적으로 모였다가 생명이 다하면 사라지는 것이라고 보는 경우로 대표적인 예가 유물론입니다. 일부 뇌 과학자들도 인간의 정신은 뇌의 부산물이라 보고, 뇌에 의해서 일어나는 것이므로 뇌가 죽으면 정신도 사라진다고 봅니다. 이러한 견해도 후자의 예라 할 수 있습니다.

간단히 이야기하면 하나는 영원한 자아가 있어서 영원히 존재한다는 주장이고, 다른 하나는 영원한 것은 없으며 태어난 존재는 죽으면 끝이어서 더 존재하지 않고 사라져 버린다는 주장입니다. 선자를 상견, 후자를 단견이라고 합니다.

하지만 부처님은 '상견도 아니고 단견도 아니고 존재는 조건이 있으면 태어나고, 조건이 사라지면 태어나지 않는다.'라고 중간[中]의 가르침을 드러내셨습니다. 그것이 바로 연기입니다. 연기를 통해 무아와 윤회를 명확하게 드러내고 체계적으로 설명하신 것입니다.

연기의 가르침

부처님은 태어날 조건이 있으면 태어나고, 태어날 조건이 없으면 다시 태어나지 않는다는 연기의 가르침을 설하셨습니다. 무조건 태어나지 않는다거나 무조건 다시 태어난다는 것이 아니라, 조건이 있을 때 다시 태어나고 조건이 소멸하면 태어나지 않는다는 겁니다.

상견이 한쪽 극단이라면, 단견은 반대편에 놓인 극단입니다.

하지만 부처님께서는 연기를 통해 그 중간으로써 법을 설한다고 하셨습니다. 여기서 주의할 점은 중中과 중도中道는 다소 차이가 있다는 것입니다. 중간 또는 중은 맛지마Majjhima의 번역인데 '이것이 있으면 저것이 있고, 이것이 없으면 저것이 없다.'라는 연기를 의미합니다. 용수보살의 저서인『중론中論』도 연기를 기반으로 중간에 대하여 설파한 논서입니다. 반면에 중도는 맛지마 빠띠빠다Majjhimā-patipāda의 번역으로 팔정도를 의미합니다. 그래서 중도는 번뇌를 소멸하기 위한 실천적인 수행 방법을 의미합니다. 정리해 보면 중간은 연기를 드러내는 것이고, 중도는 중간의 가르침인 연기를 터득하는 수행 방법을 의미합니다.

중간으로 법을 설한다는 것은 '조건이 있을 때는 일어나고, 조건이 없으면 일어나지 않는다.'라는 것으로 양극단을 배제한 것입니다. 영원한 것을 이야기하는 것도 아니고 그렇다고 해서 무조건 다시 태어나지 않는다는 것을 이야기한 것도 아닙니다. 이것은 매우 심오한 가르침입니다. 이를 통해 불교가 다른 종교와 차별화될 수 있는 것입니다. 영원한 영혼이나 자아, 실체가 있어서 모양만 바꾸며 변하는 것이 윤회라고 이야기하면 누구나 쉽게 이해할 수 있습니다. 한편 죽으면 끝이라는 것도 어려운 이야기가 아닙니다. 하지만 조건이 있을 때는 태어나고 조건이 없으면 태어나지 않는다는 것은 굉장히 심오한 가르침입니다.

● 윤회의 조건

　연기를 이해하기 위해서는 조건이 무엇인지 이해해야 합니다. 이 조건에 대한 가르침이 바로 연기의 가르침이기 때문입니다. 연기는 주어진 법이 어떤 조건을 의지해서 일어나는지를 드러내는 가르침입니다.

　조건은 제멋대로 작용하는 것이 아닙니다. 콩을 심었는데 팥이 나고, 감각적 욕망을 추구하며 살았는데 열반을 얻게 되고, 바른 수행을 열심히 했는데 악처에 태어나지 않습니다. 조건이라는 것은 조건이 지닌 성질 또는 특성이 있어서 그것에 맞는 결과가 일어납니다. 콩 심은 데 콩이 나고, 팥 심은 데 팥이 나는 것입니다. 『상윳따 니까야』「조건 경」을 보면 "비구들이여, 이같이 여기서 진실함, 거짓이 아님, 다른 것으로부터 생겨나는 것이 아님, 이것의 조건 짓는 성질, 이것을 일러 연기라 한다."라고 설하십니다. 앞서 살펴본 '무명이 있으므로 의도적 행위가 일어난다.'라는 말은 무명이 없으면 의도적 행위도 없다는 뜻입니다. 달리 말하면 무명이라는 조건이 없으면 의도적 행위가 일어날 수 없다는 뜻이기도 합니다. 어떤 법이 일어나는 가장 중요하고 주된 조건을 인과 관계로 드러낸 것을 연기라고 하는 것입니다. 예를 들어 무명은 의도적 행위가 일어나게 하는 가장 주된 조건이므로 '무명을 조건으로 의도적 행위가 일어난다.'라고 무명[조건]과 의도적 행위[조건 따라 생긴 법]의 인과관계를 드러낸 것이 연기입니다.

　조건에 의해서 발생한 법을 '연기된 법', '조건 따라 생긴 법'이

라고 합니다. 손바닥과 손바닥이 마주쳐서 소리가 일어났다면 이
때 손바닥과 손바닥은 조건이 되고, 마주치는 것도 하나의 조건이
됩니다. 반면에 일어난 소리는 조건 따라 생긴 법 또는 연기된 법
이 됩니다.

존재에 대해 자아나 영혼이라는 실체가 있어서 지속한다는
것이 하나의 극단이고, 죽으면 끝이라고 보는 것이 하나의 극단이
라고 했습니다. 그러나 조건이 있을 때 일어나고 조건이 없으면 일
어나지 않는다는 건 쉽게 말해서 어떤 조건이 있을 때만 계속 태어
나고 만약 조건이 없으면 다시 태어나지 않는다는 말입니다. 그렇
다면 그 조건은 무엇일까요?

부처님께서 보신 조건은 두 가지입니다. 첫 번째는 '무명'과
'갈애'라는 번뇌이고, 두 번째는 살아오면서 지은 '업(존재)' 또는
'의도적 행위'입니다. 이 두 가지 조건이 남아 있을 때는 태어나고
싶든 태어나고 싶지 않든 태어날 수밖에 없습니다. 조건이 있으면
무조건 태어납니다. 아무리 자신은 죽어서 다시는 태어나지 않았
으면 좋겠다고 해도 조건이 있으면 태어나지 않을 수 없습니다.

단견을 가진 사람들은 죽으면 끝이고 다시 태어나지 않는다
고 생각합니다. 그러나 부처님은 실제로 조건이 있는 한 태어날 수
밖에 없다고 보신 겁니다. 무명과 갈애, 업이 소멸하지 않는 한 태
어날 수밖에 없습니다. 이것이 조건에 의지하여 발생한다는 연기
의 가르침입니다.

만약 조건이 사라진다면 어떻게 될까요? 무명과 갈애가 사라

지면 태어날 수 있는 동력이 사라집니다. 조건 중 하나라도 빠지면 태어날 수 없으므로 무명과 갈애가 소멸하면 다시 태어나지 않습니다. 이것이 바로 중中의 가르침이고 연기의 가르침입니다.

이 부분을 잘 이해하면 불교가 어렵지 않습니다. 수행을 왜 하는지, 어떻게 하는 것인지 이해할 수 있습니다. 그러나 보통 사람들은 이 가르침을 잘 모르고 마음속에 존재에 대한 갈애와 어리석음이 있어 존재로 태어나는 것에 대한 미련을 갖습니다.

● **변하지 않는 것, 변하지 않는 순간은 없다**

조건과 조건에 따라 생긴 법의 인과관계를 드러내는 것이 연기입니다. '무명이 있으면 의도적 행위가 있다.'라는 구절은 무명이라는 '조건'과 '조건 따라 생긴 법'인 의도적 행위와의 인과관계를 드러낸 것입니다.

법이 일어날 때 제멋대로 일어나는 것이 아니라 여기에 적합한 조건이 있습니다. 콩이 나기 위해서는 반드시 콩을 심어야 하지 팥을 심어서는 안 되는 것처럼 말입니다. 연기는 조건과 조건에 따라 생긴 법의 관계를 정확히 밝힌 것입니다. 이런 조건에서는 이런 결과가 발생하고, 저런 조건에서는 저런 결과가 발생한다는 것이 바로 인과입니다. 이러한 인과가 중요한 이유는 윤회의 원리를 설명해 주기 때문입니다.

조건이 있으면 결과가 일어나고, 조건이 사라지면 결과도 사라집니다. 그런데 이 조건이라는 것 역시 영원한 것이 아니라 순간

순간 변화합니다. 이것을 정확히 이해하지 못하면 계속 상견과 단견에 헤맬 수밖에 없습니다. 실제로 윤회를 옷 갈아입는 것과 같다고 말하는 스님들도 있습니다. 옷만 갈아입고 내면에 있는 것은 변하지 않는 것처럼 이야기하는 경우가 많은데, 이것은 힌두교의 가르침입니다. 힌두교에서는 아트만이라는 자아가 있어 이 자아가 윤회하는 것이라고 주장합니다. 불교에서처럼 조건에 의해 일어나고 사라지는 것을 설하는 게 아닙니다.

부처님께서는 존재란 물질과 정신의 상속 또는 다섯 무더기의 상속이므로 실체가 없다고 설하셨습니다. 다시 말해서 물질과 정신이 서로 관계를 맺으면서 적당한 조건이 있을 때 일어났다가 조건이 사라지면 사라진다는 겁니다. 이렇게 조건에 의지해서 일어났다가 사라지는 것을 생사生死라고 합니다.

생사는 크게 두 가지로 나눌 수 있습니다. 하나는 한 존재가 태어나서 죽을 때까지의 전 과정을 의미합니다. 다른 하나는 순간 일어나고 사라지는 것을 말합니다.

존재의 생사는 한 존재가 서른한 가지 세상 중 어느 한 곳에 태어나 살다가 수명이 다하여 죽음을 맞게 되는 전체 과정을 말합니다. 이 전체 과정이 존재에게 한 생生이 됩니다. 이렇게 존재의 한 생, 한 생이 끊이지 않고 계속되는 것이 윤회입니다.

한편 일생을 사는 동안 똑같은 모습으로 있는 것이 아닙니다. 그 안에서도 끊임없는 변화를 겪습니다. 우리가 살아가는 순간순간 조건에 의지해서 물질과 정신이 일어났다가 사라졌다가, 또 새로운 조건에 의해서 일어나고 사라지고, 일어나고 사라지는 게 계속 반복됩니다. 이같이 물질과 정신이 조건에 의지해서 순간적으로 일어나고 사라지는 것을 순간생사라고 말합니다. 예를 들어 우리의 몸을 생각하면 쉽게 이해할 수 있습니다. 우리 몸은 태어났을 때의 몸 그대로 있는 것이 아니라 계속해서 세포 분열을 하고 매 순간 변합니다. 우리 마음도 똑같은 마음이 계속 일어나지 않습니다. 순간순간 변합니다. 손뼉을 쳐서 소리를 내면 이 소리를 듣는 마음이 일어납니다. 그런데 옆에서 누군가 갑자기 고함을 지르면 그 소리에 마음이 가게 됩니다. 이렇게 조건에 따라서 마음은 계속 변합니다. 이같이 물질과 정신은 순간적으로 일어나고 사라지므로 순간생사한다고 말합니다.

이상에서 살펴보았듯이 존재가 태어나면 삶의 전 과정에서 순간생사가 계속 이어지다가 그 생의 수명이 다하면 죽음을 맞이합니다. 그런 후에 다시 태어나면 다시 삶의 전 과정에서 순간생사가 이어지다가 수명이 다하면 그 생을 마무리하는 죽음을 맞이합니다. 이런 과정이 계속 반복되는 것을 윤회라 하고, 이런 과정이 어떻게 일어나는지 체계적으로 정리하여 설한 가르침이 앞서 설명한 십이연기의 가르침입니다.

'나'라고 할 만한 것은 없다

지금 우리는 비슷한 모습을 하고 있지만 실제로는 일어났다가 사라지고, 일어났다가 사라지는 것이 계속 이어지고 있습니다. 물질도, 정신도 같은 모습으로 이어지는 것이 아닙니다. 그럼 앞의 물질 또는 정신 현상이 일어났다가 사라진 다음 뒤의 현상이 일어났다가 사라질 때 이 둘 사이 연관성이 없다면 어떻게 될까요? 앞의 현상과 뒤의 현상의 연결고리가 하나도 없다면 말입니다. 세상은 중구난방이 될 것이고, 사람의 정신은 다중 인격 장애와 같은 문제가 생길 것입니다. 부처님께서 조건에 따라 일어난다고 말씀하신 것은 앞의 현상과 관계되지 않고 뒤의 현상이 일어날 수 없다는 뜻입니다. 직전에 일어난 일뿐만 아니라 오래전 과거에 일어난 일도 지금 영향을 줄 수 있습니다. 이처럼 모든 결과는 연관성을 가지고 조건의 고리에 의해 이어지기 때문에 우리는 자기 자신에 대한 변치 않는 정체성[identity]이 있다고 느낄 수 있습니다.

한편 우리의 외모는 마음에 비해 변화가 느립니다. 물질적인 것, 외모 등은 전생에서 이생에 태어나게 하는 업에 의해 만들어지는데 이것은 마음만큼 빨리 변하지 않습니다. 그러므로 성형과 같은 커다란 외적 조건이 있지 않는 한 외모는 어렸을 때의 모습과 크게 변화하지 않습니다. 이러한 점 때문에 '이것이 나구나.'라고 생각할 수 있고, 다른 사람도 '저 사람이 그 사람이구나.'라고 생각할 수 있는 대상이 되고, 일체감을 줍니다. 하지만 몸은 끊임없이 변화합니다.

또한 어릴 적부터 가족 등 일정한 환경 안에서 일관되게 교육받아 온 우리는 정신적으로도 '나'라는 존재에 대한 정체성을 느낄 수 있습니다. 그러나 우리가 스스로 변화를 느끼기 어려울 뿐, 실제 그 안의 내용은 계속 변화하고 있습니다. 다시 말해 조건 지어졌다는 것입니다.

촛불에 비유하면, 앞의 촛불이 꺼지고 바로 옆의 초로 불꽃이 옮겨 가고, 그 불꽃이 꺼지고 또 옆의 초로 불꽃이 이동하는 것과 같습니다. 앞에 일어났던 정신·물질이 사라지면서 어떤 식으로든 뒤에 일어나는 정신·물질에 영향을 줍니다. 물론 앞서 일어나고 사라졌던 정신·물질이 지금 당장 영향을 줄 수도 있고, 한참 뒤에 줄 수도 있습니다. 이러한 조건 중 대표적인 것 몇 가지 살펴봅시다.

첫째, 앞서 지었던 업은 뒤에 일어나는 마음에 영향을 줍니다. 과거나 현재에 지은 업은 미래의 몸과 마음에 영향을 줍니다. 예를 들어 살생을 저질렀던 업이 있는 사람은 수명이 짧아지거나 다음 생에 악처에 태어납니다. 선한 업을 많이 지은 사람은 좋은 부모, 좋은 음식, 좋은 환경 등의 원하는 대상을 많이 만나게 됩니다.

둘째, 어떤 사람, 어떤 환경, 어떤 대상을 만나느냐에 따라서 흐름이 바뀔 수 있습니다. 예를 들어 아주 훌륭한 스승을 만나는 것은 중요한 조건입니다.

셋째, 감각 기능의 상태도 중요한 조건입니다. 만약 갑자기 시력을 잃게 되면 보는 의식인 안식이 작용할 수 없습니다. 뇌가 망가져도 의식이 일어나는 데 필요한 중요 조건이 달라지기 때문에 정신세계가 바뀌게 됩니다.

넷째, 평소 일으킨 선한 마음, 불선한 마음도 중요한 조건입니다. 일상 속에서 선한 마음을 많이 일으키는 사람은 다음에도 선한 마음이 일어날 가능성이 큽니다. 반면 불선한 마음을 많이 일으킨 사람은 불선한 마음이 다시 일어날 가능성이 큽니다.

이와 같은 몇 가지 조건에 의지하여 앞에 일어난 물질과 정신이 뒤에 일어나는 물질과 정신에 영향을 주고, 그렇게 계속 이어져 오는 것을 '삶을 살아간다.'라고 이야기합니다. 이렇게 삶을 살다가 수명이 다하여 죽음을 맞이하면 한 생이 끝나고 다시 새로운 생이 시작되며, 그 생에서 삶을 살다가 죽음을 맞이하면 또다시 새로운 생이 시작됩니다. 이렇게 한 생, 한 생이 이어지면서 윤회하는 것입니다.

● **자아에 대한 집착**

이렇게 조건에 의지해서 물질과 정신이 일어나고 사라지며 이어져 오는 것이 삶임을 이해하면 몸과 마음이 순간순간 변한다는 것을 받아들일 수 있습니다.

지금도 몸은 끊임없이 세포 분열을 하고 있습니다. 몇 년이 지나면 몸을 이루는 세포들이 완전히 바뀌어 지금의 몸과 완전히 다른 몸이 됩니다. 몸뿐 아니라 마음도 계속 변하고 있다는 것을 사람들은 대체로 잘 받아들이는 듯합니다. 하지만 문제는 사람들이 가진 존재에 대한 집착이 매우 심하다는 겁니다. 그래서 '그래, 몸과 마음이 변하는 것은 나도 인정한다. 그렇지만 그 뒤에 숨어 있는 무언가가 있을 거야.'라고 생각합니다. 존재를 일으키는 무언가가 있다는 주장에서 그 무언가는 바로 자아, 영혼입니다.

우리 몸은 언젠가 죽는다는 것이 현실입니다. 안 죽는 사람은 없으니 부정할 수 없습니다. 그러나 죽을 수밖에 없는 몸과 마음속에 변하지 않는 무언가가 있을 것이고, 그것이 진짜 '나'라고 믿습니다.

만약 '나' 또는 '자아'라는 것이 있다면 그것은 나 자신의 주인이고 주체입니다. 그래서 몸과 마음에 자아가 있다면 이 자아가 마음과 몸을 제어할 수 있어야 합니다. 이에 대해 부처님께서는 왕의 비유로써 설하셨습니다. 마치 어떤 나라의 왕이 있다면 그 왕은 나라의 백성이 어떤 잘못을 했을 때 벌할 수도 있고, 잘하면 상을 줄 수도 있어야 하는 것처럼, 몸과 마음의 주체인 자아가 있다면 몸과 마음을 제어할 수 있어야 한다고 설하셨습니다. 다시 말해서 자아는 몸을 통제할 수 있어야 하므로 '몸이여, 아프지 말라.'라고 명령한다면 몸은 아프지 않아야 할 것이고, '몸이여, 죽지 말라.'라고 한다면 죽지 않아야 할 것입니다. 하지만 태어난 존재는 죽을 수밖에 없으므로 이것은 불가능합니다. 이것은 몸에는 '나'라고 할 만한 자아가 없다는 것을 의미합니다.

마음도 마찬가지입니다. 만약 자아가 있다면 마음을 통제할 수 있어야 하므로 '괴로운 마음은 절대 일어나지 말고 행복한 마음만 일어나라!'고 하면 행복한 마음만 일어나야 합니다. 또 '일어난 마음이여, 사라지지 말라!'라고 하면 일어난 마음은 사라지지 않아야 합니다. 하지만 이는 불가능합니다. 이미 일어난 마음을 사라지지 않게 하는 건 부처님께서도 할 수 없습니다. 조건에 의지해서 일어난 마음은 조건이 소멸하면 사라지게 되어 있습니다. 사람들이 할 수 있는 것은 불선한 마음은 버리고 선한 마음을 계발하는 것뿐입니다. 이처럼 마음은 제한적으로 통제할 수 있지만, 모든 마음을 통제할 수는 없으므로 마음에도 '나'라고 할 만한 주체가 없습니다. 결론적으로 몸과 마음을 통제할 수 있는 자아라는 것은 없습니다.

그런데 사람들은 존재에 대한 집착이 강해 자아 또는 진아와 같이 영원불멸하는 실체가 있다고 생각하면서 그것을 놓지 않으려고 합니다. 사람들은 내가 사라지는 것을 두려워하기 때문입니다. 하지만 존재는 조건을 의지해서 태어나기 때문에 무상하고, 무상한 것은 불완전하므로 괴로움이며, 무상하고 괴로움인 것에는 영원불멸한 자아가 없습니다. 만약에 자아가 있다면 몸과 마음이 내 마음대로 통제되어야 하는데 그것은 앞서 살펴보았듯이 가능하지 않습니다.

● **조건마저도 무아이다**

예전에 어느 불교 잡지에 실린 글을 보았습니다. 그 글에는 몸과 마음이 생멸하는 것은 맞지만 이것을 아는 마음은 변하지 않는 것이고, 그것이 '진아'라고 했습니다. 그러나 부처님께서는 절대 그렇게 말씀하신 적이 없습니다. 부처님께서는 마음조차도 조건 지어진 것이라고 하셨습니다. 마음을 자아라고 생각하는 것은 스무 가지 유신견[26] 중 하나에 들어간다고 『맛지마 니까야』에 명확하게 나와 있습니다. 마음은 조건을 의지하여 일어나므로 무상하고 괴로움이며 무아입니다. 마음 자체가 무아일 뿐만 아니라 마음이 일어나게 하는 조건도 무아라는 것에 주의해야 합니다. 조건 역시 영원한 실체가 아닙니다. 조건이 자아나 영혼의 개념으로 이야기되는 것도 아닙니다. 『상윳따 니까야』「원인 경」에 "조건이 무상하고 괴로움이고 자아가 없는 것인데 무아인 것으로 만들어진 그 결과가 어떻게 자아가 있겠느냐."고 나옵니다.

많은 사람은 존재 자체가 영원하지 않다는 것은 인정하지만, 존재 속에 영원불멸하는 무엇인가가 있을 것이라고 잘못 알고 고집합니다. 그리고 이것이 진아 또는 자아라고 생각하지만, 부처님께서는 이것을 상상으로만 존재하는 관념적인 것이지 실체가 아니라고 분명히 말씀하셨습니다. 이를 명확하게 이해하지 않으면 불교를 제대로 이해할 수 없습니다. 「원인 경」에 나온 것처럼 '조건 따라 생긴 법'만 무아인 것이 아니라 '조건' 역시도 무아라고 설하셨다는 걸 잊지 말아야 합니다.

부처님께서 이런 가르침을 설하시게 된 이유가 있습니다. 부처님께서는 '무명 때문에 의도적 행위가 있고, 의도적 행위 때문에 의식이 있다. …'라고 십이연기를 설하셨습니다. 그러자 외도들은 결국 무명이란 절대적인 원인에 의해서 모든 것이 일어나는 게 아니냐며, 그렇다면 무명이 하나의 창조주와 같은 것 아니냐고 공격했습니다. 이에 대하여 부처님께서는 무명조차도 조건을 의지해 일어난다고 분명하게 설하셨습니다. 다시 말해서 "무명은 번뇌 때문에 생기고, 번뇌가 있으므로 무명이 생긴다."라고 설하신 것입니다. 번뇌가 있으면 진리를 보지 못하기 때문에 무명이 생기는데, 이것은 무명이 절대적인 원인이 아니라 무명조차도 조건 지어진 것이라는 말입니다. 원인도 조건에 의해서 일어난 현상일 뿐, 변하지 않는 실체가 아니라는 것입니다.

존재라는 것은 다섯 무더기, 즉 물질과 정신의 결합이고, 물질과 정신이 일어나는 원인은 무명과 갈애인데 무명과 갈애도 무상한 것이고, 괴로움이며, '나'라고 할 만한 것이 없습니다. 그래서 무상하고, 괴로움이고, 무아인 조건을 의지해서 일어난 존재, 즉 물질과 정신에는 영원한 자아란 있을 수 없습니다.

종합해 보면 존재는 물질과 정신의 결합이고, 물질과 정신은 조건을 의지해서 일어나고 사라지고, 일어나고 사라집니다. 이같이 물질과 정신이 일어나고 사라지는 것의 연속이 바로 존재의 삶입니다. 그래서 존재는 무상하고, 괴로움이며, 무아입니다. 그런데 이것은 무작위로 이어지는 것이 아니라 연관성을 가지고 앞에 일어난 것과 뒤에 일어난 것의 인과관계로 이어집니다. 이 때문에 나름의 개성과 개체성이 드러나는데 사람들은 이를 두고 '나' 또는 '자아'라고 착각합니다. 하지만 자신만의 개성이나 개체성도 조건을 의지해서 발생한 것이므로 무상하고, 괴로움이고, 무아입니다. 그래서 존재는 '나' 또는 '자아'라고 할 만한 것이 존재하지 않습니다.

이런 진리를 모르면 존재에 대한 애착을 가지게 됩니다. 보통 사람들은 자신에게 '나' 또는 '자아'라는 영원한 실체가 있다고 생각하지만, 부처님께서는 그것이 실체가 아닌 생각을 통해 만들어진 개념일 뿐이라고 설하셨습니다. 어리석은 사람들은 원래 존재하지도 않는 것을 존재한다고 착각하여 그것을 붙잡고 '나'라고 집착할 뿐입니다. 그래서 다시 태어나지 않는 것을 자신이 사라진다고 두려워합니다. 하지만 깨달음을 얻어 다시 태어나지 않는 것은 존재하던 '나'가 사라지는 것이 아니라, 원래 있지도 않은 '나'가 있다고 고집하는 존재에 관한 어리석음과 집착이 사라지는 것입니다.

연기는 중간의 가르침이다

삶의 과정에서 일어나는 순간생사에는 접촉 등의 다양한 원인이 있지만, 삼계의 서른한 가지 세계 중 한 곳에서 한 생을 살다 죽어 다른 세상에 태어나는 윤회가 일어날 때 가장 중요한 원인은 두 가

193

5장. 무아인데 어떻게 윤회하는가

지가 있습니다. 하나는 무명과 갈애라는 번뇌이고, 다른 하나는 업 또는 의도적 행위입니다.

아라한이 되면 새로운 업을 짓지는 않지만, 과거에 지은 업마저 소멸시킬 수는 없습니다. 그렇지만 무명과 갈애가 사라지면 업이 새로운 생을 생산하게 하는 동력이 사라지므로 업은 새로운 생을 생산할 수 없습니다. 그래서 무명과 갈애가 소멸하면 아라한이 되고, 아라한은 다시 태어나지 않습니다.

그런데 어떤 수행자가 아라한이 윤회하지 않는 것도 단견이 아니냐고 주장하는 것을 들은 적이 있습니다. 단견은 태어나게 만드는 조건이 소멸하지 않았는데도 죽으면 다시 태어나지 않는다고 고집하고 집착하는 그릇된 견해입니다. 태어남의 조건, 즉 무명과 갈애가 완전히 소멸하여 다시 태어나지 않는 것은 아라한이 되어 열반을 실현함을 말합니다. 이를 부처님께서는 조건이 있으면 다시 태어나지만, 조건이 사라지면 다시 태어나지 않는다는 연기의 가르침으로 설하셨습니다.

존재가 살아간다는 것은 물질과 정신이 조건을 의지해서 끊임없이 변하면서 이어지는 과정입니다. 한 세상에서 수명이 끝나고, 다음 세상에 태어날 때 가장 결정적인 조건으로 작용하는 것이 무명과 갈애입니다. 십이연기의 가르침에 따르면 무명과 갈애, 취착을 조건으로 의도적 행위와 업이 일어나고, 의도적 행위와 업을 조건으로 존재가 태어납니다. 하지만 수행을 통해서 무명과 갈애를 소멸했다면 의도적 행위나 업이 작용할 수 없습니다. 의도적 행위나 업이 작용하지 않으면 존재로 태어날 수 없기 때문에 십이연기의 구조가 무너져 버립니다. 이렇게 된 존재가 아라한이고, 아라한이 수명이 다하여 죽음을 맞이하면 다시 태어나지 않는 열반을 실현하게 됩니다. 이것이 부처님께서 말씀하신 연기의 가르침이고, 상견과 단견에 벗어난 중간[中]의 가르침입니다.

이처럼 태어날 조건이 다하여 다시 태어나지 않는 것이 어떻게 단견이 되겠습니까? 부처님께서 이것이 열반이고 이것이 바로 괴로움으로부터 소멸이라고 천명하신 것을 단견이라고 하는 것은 부처님의 가르침을 비난하고 부처님 가르침을 훼손하는 것밖에 되지 않습니다. 열반은 단견과 전혀 다른 이야기입니다.

부처님께서 이에 대해 분명하게 설한 경전이 『상윳따 니까야』「깟짜나곳따 경」입니다. 우리나라에서는 「마하가전연 경」이라고 많이 알려져 있습니다. 여기에 "깟짜야나여, 모든 것이 있다고 하는 이것은 하나의 극단이고, 모든 것이 없다고 하는 이것이 두 번째 극단이다."라고 나옵니다. '모든 것은 있다'라고 하는 것은 영원한 '자아'가 있다고 고집하는 상견을 말하는 것이고, '모든 것은 없다'라고 하는 것은 죽으면 끝이라고 고집하는 단견을 말합니다.

이어서 "깟짜야나여, 이러한 양극단을 의지하지 않고 중간에 의해서 여래는 법을 설한다."라고 했습니다. 한 극단은 모든 것이 있다고 하고, 다른 극단은 모든 것이 없다고 하는데 부처님께서는 중간에 의해서 법을 설한다고 하신 겁니다. 그럼 '무엇이 중간에

5장. 무아인데 어떻게 윤회하는가

의해서 법을 설하는 것인가?'라는 질문을 할 수 있습니다. 이에 대해 부처님께서는 십이연기로써 답하셨습니다. 다시 말해서 무명을 조건으로 의도적 행위가, 의도적 행위를 조건으로 의식이, 의식을 조건으로 정신·물질이, 정신·물질을 조건으로 여섯 감각 장소가, 여섯 감각 장소를 조건으로 접촉이, 접촉을 조건으로 느낌이, 느낌을 조건으로 갈애가, 갈애를 조건으로 취착이, 취착을 조건으로 존재가 일어납니다. 존재, 즉 업 존재를 조건으로 태어남이 있고, 태어남을 조건으로 늙음과 죽음이 있습니다. 이렇게 십이연기의 가르침은 무명과 갈애를 조건으로 의도적 행위 또는 업이 있고, 의도적 행위와 업을 조건으로 태어남이 있어서 늙음·죽음과 근심, 탄식, 육체적 고통, 정신적 고통, 절망이 일어난다는 것입니다.

반면에 무명이 소멸하면 의도적 행위가 소멸하고, 의도적 행위가 소멸하면 정신·물질이 소멸하고, 정신·물질이 소멸하면 여섯 감각 장소가 소멸하고, 이렇게 쭉 소멸해서 결국은 태어남과 늙음·죽음, 근심, 탄식, 육체적 고통, 정신적 고통, 절망이 소멸합니다. 이것이 전체 괴로움의 무더기의 소멸입니다. 중간이란 의미를 이것으로 설명하셨습니다. 다시 말하면 십이연기의 일어남과 사라짐을 중간이라는 의미로 설명하신 겁니다. 존재는 무조건 태어나는 것도 아니고, 그렇다고 죽으면 무조건 끝나는 것도 아닙니다. 무명과 갈애라는 조건이 있으면 존재는 계속 태어나지만, 무명과 갈애라는 조건이 소멸하면 존재는 다시 태어나지 않는다는 것, 이것이 중간[中]에 의해서 법을 설함의 의미입니다.

모든 것은 서로 의지하므로 무아이면서 윤회한다

무아이면서도 윤회한다는 것이 연기의 핵심 내용입니다. 이것은 모순되는 것이 아닙니다. 몸과 마음은 조건을 의지해서 일어나고 사라지면서 계속 이어지는데 특히 이때 일어났다가 사라지는 마음은 다음에 일어나는 마음뿐만 아니라 다음 생에 일어나는 마음에도 영향을 미칩니다. 그래서 불교에서는 어떤 마음으로 살아가는지가 굉장히 중요합니다. 선한 마음을 많이 일으키면 현생에 좋은 과보가 많이 일어날 뿐만 아니라 다음 생에는 선처에 태어나고, 불선한 마음을 많이 일으키면 현생에 나쁜 과보가 많이 일어날 뿐만 아니라 다음 생에 악처에 태어납니다.

삶의 과정에서 정신·물질이 조건을 의지하여 일어나고 사라지고, 일어나고 사라지면서 정신·물질이 계속 이어집니다. 눈과 형색이 접촉하면 눈 의식, 귀와 소리가 접촉하면 귀 의식, 코와 냄새가 접촉하면 코 의식, 혀와 맛이 접촉하면 혀 의식, 몸과 감촉이 접촉하면 몸 의식, 마노와 법이 접촉하면 마노 의식이 일어납니다. 이렇게 정신도 접촉을 조건으로 일어납니다.

이처럼 삶의 과정에서 정신·물질의 생멸이 계속 이어지는데 이 과정에서 어떤 마음이 주로 일어났느냐에 따라 다음 생에 태어날 곳이 결정됩니다. 이때 무명과 갈애 그리고 업이 주된 조건으로 작용합니다. 무명과 갈애는 다시 태어남의 동력이 되고, 업은 존재를 서른한 가지 세상 중 한 곳에 태어나게 합니다.

지금까지 말씀드린 것이 연기의 내용으로 이를 번역하면 '조건 발생'입니다. 지금 현재 일어나는 현상들도 조건 발생이고, 현생이 끝나서 다시 태어나는 것도 조건 발생입니다. 이렇게 조건에 의지해서 정신·물질이 발생하는 것은 두 가지 의미가 있습니다.

첫째, 정신·물질에는 자아가 없다는 것을 의미합니다. 정신·물질이 조건에 의지해서 일어난다는 것은 조건이 사라지면 정신·물질도 사라진다는 것을 의미하므로 정신·물질에는 영원하고 그것을 제어하는 자아가 없다는 것을 뜻합니다. 자아가 있다면 '정신·물질이여, 사라지지 말라.'라고 하면 사라지지 않아야 하는데 그것은 불가능하기 때문입니다.

둘째, 조건이 사라지지 않는 한 윤회는 계속됩니다. 아무리 다음 생에 태어나지 않고 싶다고 열망해도 무명과 갈애가 소멸하지 않는 이상 다시 태어날 수밖에 없다는 것입니다. 이처럼 존재의 실상인 정신·물질이 조건을 의지해서 상속하기 때문에 존재는 무아이지만 윤회하는 것입니다. 물론 무명과 갈애가 완전히 소멸하면 윤회는 끝이 나고 열반을 실현하게 됩니다.

이상에서 살펴보았듯이 연기를 바르게 이해하는 것은 불교를 명확하게 이해할 수 있는 열쇠가 됩니다. 연기를 잘 이해하지 못하면 불교를 몇십 년 공부해도 소용없습니다. 그래서 연기만 잘 이해해도 작은 수다원이라고 합니다. 물론 연기를 완전히 꿰뚫어 알아야 수다원이지만 그 정도는 아니더라도 연기에 대한 바른 이해만 어느 정도 확립되면 악처에는 거의 태어나지 않기 때문에 수다원에 가까우므로 작은 수다원이라고 합니다.

연기의 가르침은 불교의 핵심이고, 다른 종교의 가르침과 차별화된 가르침입니다. 연기를 잘 이해하면 내가 '나'라고 생각하는 것은 정신·물질이 조건을 의지하여 계속 이어지는 것일 뿐이므로 '나'라는 것은 관념적인 것이고 실체 없는 것임을 알 수 있습니다. 그리하여 '나'에 대한 집착이 버려집니다.

'나'라는 실체가 없음을 알게 되면 화가 일어날 때 화를 낼 대상이 없다는 것을 알기 때문에 화를 버릴 수 있습니다. 또 과거의 상처는 과거의 적당한 조건을 의지해서 발생한 것이고, 이미 사라져 버린 현상일 뿐이라는 것을 이해하면 그 상처에 집착하지 않고 내려놓을 수 있습니다.

또한 모든 것이 조건 발생이라는 것을 이해하면 타인의 괴로움이 나와 무관하지 않다는 것을 알게 됩니다. 자신의 이익을 위해 남을 해치는 나쁜 행위를 하면 부메랑처럼 자신에게도 나쁜 결과를 가져옵니다.

우리가 사는 세상이 더불어 사는 세상이라는 것을 이해하게 됩니다. 요즘 우리 사회를 보면 자기주장만이 옳다며 여러 견해가 곳곳에서 부딪히고 있습니다. 서로가 전혀 양보하지 않고 공격만 하니 극단적인 데까지 치닫는 경우도 있습니다. 그러나 부처님의 가르침을 통해 우리는 서로 화합할 수 있습니다. 연기는 서로 의지하여 발생함을 뜻합니다. 우리가 삶을 살아갈 때 얼마나 많은 것들을 의지해야 하는지 조금만 생각해 보면 이해할 수 있습니다. 이 세상에 서로 의지하지 않고 독불장군처럼 살 수 있는 것은 없습니다. 땅을 의지하지 않고 살 수 없고, 옆에 있는 사람을 의지하지 않고 살 수 없습니다. 자아 위주의 가치관은 나만 잘되면 된다는 생각으로 빠지기 쉽지만, 연기적인 사고를 갖추면 나와 남이 서로 의지하고 있다는 것을 분명히 이해하여 더불어 사는 세상이 될 수 있습니다.

주

○1 부처님의 가르침을 체계적으로 정리한 논서. 일차적인 의미는 '법에 대한 것', '법과 관계된 것'이라 할 수 있다. 이를 중국에서는 대법對法이라 옮겼다. 관습적으로 통용되는 개념보다 고유의 성질을 가지고 일어났다가 사라지는 실재하는 법에 대한 체계적인 해설이기 때문이다. 또는 '수승한 법'이란 뜻이기도 한데, 이는 '매우 수준 높은 뛰어난 가르침'이란 뜻이다. 그래서 이를 승법勝法이라고도 한다.

○2 수행에는 선정[samatha] 수행과 지혜[vipassanā] 수행이 있다. 선정 수행은 하나의 대상에 집중해 삼매[samādhi], 즉 선정을 계발하는 수행이다. 선정 수행을 통해 네 가지 색계 선정과 네 가지 무색계 선정을 얻을 수 있다. 지혜 수행은 대상의 본질을 꿰뚫어 통찰하는 지혜[paññā]를 계발하는 수행이다. 지혜 수행을 통해 깨달음을 얻어 수다원·사다함·아나함·아라한의 성자가 될 수 있다.

○3 선정은 감각적 욕망, 적의, 해태와 혼침, 들뜸과 후회, 의심의 장애 요소를 완전히 떨쳐 버리고 하나의 수행 대상에 마음이 완전히 몰입된 상태를 말한다. 선정 상태에서는 형상, 소리, 냄새, 맛, 감촉 등의 대상을 감지할 수 없으며 오직 수행 대상에만 몰입되어 있으므로 시간이나 공간이 느껴지지 않는다. 색계 선정에는 색계 초선정, 색계 이선정, 색계 삼선정, 색계 사선정의 네 가지가 있으며, 무색계 선정에는 공무변처, 식무변처, 무소유처, 비상비비상처의 네 가지가 있다. 이 책의 42쪽 들숨날숨기억 수행에 관한 설명을 참고하라.

○4 겁에는 중겁, 아승지겁, 대겁 등 여러 종류가 있다. 중겁은 인간의 수명이 열 살에서 셀 수 없이 증가했다가 다시 열 살로 줄어드는 데 걸리는 시간이고, 아승지겁은 중겁의 20배에 해당하는 기간이다. 아승지겁이 네 번 모이면 대겁이다. 보통 대겁은 하나의 우주가 생겼다가 소멸하는 정도의 시간이라고

한다.

○5 『앙굿따라 니까야Aṅguttara Nikāya』는 아함부의 증지부增支部에 대응되며, 가르침의 숫자에 주목하여 하나부터 열하나까지의 법수를 가진 경들을 숫자별로 모은 것이다. 재가자들을 위한 가르침을 풍부하게 담고 있다.

○6 오무간업五無間業은 무간지옥에 떨어질 다섯 가지 큰 악업을 말한다. 부처님 몸에 피를 내는 것, 아라한을 죽이는 것, 승가의 화합을 깨는 것, 아버지를 죽이는 것, 어머니를 죽이는 것의 다섯 가지이다.

○7 『상윳따 니까야Saṃyutta Nikāya』는 아함부의 상응부相應部에 대응되며, 부처님의 가르침을 연기, 오온, 육처 등 56개 주제별로 묶은 경이다.

○8 다섯 장애 요소를 버리는 지혜가 생기면서 나타나는 빛이므로 '지혜의 빛'이라 한다.

○9 깨달음과 열반으로 이끄는 올바른 여덟 가지 길. 바른 견해[正見], 바른 사유[正思惟], 바른 말[正語], 바른 행위[正業], 바른 생계[正命], 바른 정진[正精進], 바른 기억[正念], 바른 삼매[正定]이다.

○10 오온은 세상을 이루는 다섯 가지 무더기[khandha]를 말한다. 색온色蘊은 물질 무더기, 수온受蘊은 느낌 무더기, 상온想蘊은 인식 무더기, 행온行蘊은 형성 무더기, 식온識蘊은 의식 무더기이다. 이 중 색온은 물질이고, 수온·상온·행온·식온은 정신을 의미한다.

○11 업을 원인으로 생긴 물질을 말한다. 물질이 일어나는 원인은 업·마음·온도·음식의 네 가지이다. 업을 조건으로 생긴 물질은 재생연결식이 일어나는 순간부터 '죽음의 마음'이 일어나기 전까지 삶의 전 과정에서 생긴다. 이 업을 조건으로 생긴 물질로 인해서 눈, 귀, 코, 혀, 몸 등의 감각 기능이 갖추어진다.

○12 과보의 마음은 전생 업의 과보로서 일어나는 마음이다. 새로운 업을 형성하지는 않는다.

○13 흔히 '행行'으로 옮겨지는 빨리어이다. 초기경전에서는 주로 네 가지 문맥에서 쓰이는데 여기서는 '열반을 제외한 물질적이고 정신적인 모든 유위법들', 즉 '형성된 법들'이라는 뜻으로 쓰였다.

○14 유식唯識에서는 여덟 가지 식을 언급한다. 전오식前五識은 안식·이식·비식·설식·신식이고, 제육식은 의식이다. 제칠식은 말나식으로 아견我見·아애我愛·아치我癡·아만我慢의 특징이 있는 식이다. 제팔식인 아뢰야식은 모든 종자를 저장한다는 의미에서 함장식含藏識, 종자가 멸하지 않는다고 해서 무몰식無沒識이라고도 한다.

○15 미얀마의 삼장법사인 밍군 사야도가 지은 책으로 부처님 일대기와 관련된 남방 빨리어의 모든 자료를 포함하고 있다. 『대불전경大佛傳經』으로 번역되었다.

○16 붓다고사 스님이 쓴 초기불교 수행의 지침서이자 백과사전이다.

○17 죽음의 마음은 한 존재의 생에서 마지막 순간에 일어나는 마음이다. 이 마음이 일어남으로써 한 생명의 일생은 종결된다. 주석서에서는 직전 생의 죽음의 마음은 현생의 재생연결식과 같은 대상을 가진다고 말한다.

○18 죽음 직전 인식과정이 끝나자마자 죽음의 마음이 일어나기도 하고, 죽음 직전 인식과정 다음에 생각 없이 멍한 마음이 이어진 후 죽음의 마음이 일어나기도 한다.

○19 『디가 니까야Dīgha Nikāya』는 아함부에서는 장부長部에 대응되며, 경의 길이가 긴 것들을 모은 것이다. 모두 34개의 경이 포함되어 있다.

○20 『맛지마 니까야Majjhima Nikāya』는 아함부에서는 중부中部에 대응되며, 경의 길이가 중간인 것들을 모은 것이다. 모두 152개의 경이 포함되어 있다.

○21 주석서에서는 표상[nimitta]을 준비 표상[parikamma nimitta], 익힌 표상[uggaha nimitta], 닮은 표상[paṭibhāga nimitta]의 세 가지로 나누어 설명한다. 준비 표상은 준비 단계의 수행을 할 때 사용되는 집중의 대상을 말한다. 들숨날숨기억 수행에서는 자연스러운 숨, 접촉 지점, 연기 같은 회색 등을 말한다. 익힌 표상은 준비 삼매가 점점 강해지면 나타나는 표상으로 일반적으로 목화솜처럼 하얗게 나타난다. 닮은 표상은 집중이 점점 더 강해지면 나타나는 표상이다. 닮은 표상은 일반적으로 투명하고 매우 밝게 나타나며, 들숨날숨과 일치하게 된다. 닮은 표상을 대상으로 하여 선정에 들 수 있다.

○22 존재, 즉 유有에는 업유業有와 생유生有가 있는데 여기서는 업유를 말한다.

이는 쉽게 말하면 업이다. 이 업이 새로운 존재를 만들어 내는 원인이 되므로 업으로서의 존재라는 의미에서 업유라고 한다. 생유는 욕계·색계·무색계의 존재를 말한다.

○23 정신은 마음과 마음부수를 합친 것을 의미할 때도 있고, 마음부수만을 의미할 때도 있는데 이것은 문맥에 따라서 이해해야 한다.

○24 마음부수는 문자적으로는 마음에 속한 것이라는 뜻이다.

○25 마노mano는 마음, 의식과 동의어로서 대상을 아는 기능의 관점에서 언급할 때 주로 쓰이는 용어이다.

○26 다섯 무더기를 자아라고 보는 사견을 말한다. 예를 들어 마음[識]을 자아라고 보는 견해, 마음 안에 자아가 있다는 견해, 자아 안에 마음이 있다고 보는 견해, 자아가 마음을 소유하고 있다고 보는 견해를 유신견이라 한다. 물질[色], 느낌[受], 인식[想], 형성[行]에 대하여도 똑같이 적용할 수 있다. 그래서 5×4=20가지 유신견이 있다.

참고문헌

각묵 스님, 『디가 니까야』, 초기불전연구원, 2006.
_____, 『상윳따 니까야』, 초기불전연구원, 2009.
대림 스님, 『앙굿따라 니까야』, 초기불전연구원, 2007.
_____, 『맛지마 니까야』, 초기불전연구원, 2012.
_____, 『청정도론』, 초기불전연구원, 2004.
대림 스님·각묵 스님, 『아비담마 길라잡이』, 초기불전연구원, 2002.
무념 스님·응진 스님, 『법구경 이야기』, 옛길, 2008.
전재성, 『맛지마 니까야』, 한국빠알리성전협회, 2003.

일묵 스님이 들려주는
초기불교 윤회 이야기
ⓒ 일묵, 2019

2019년 2월 8일 초판 1쇄 발행
2024년 4월 26일 초판 5쇄 발행

지은이 일묵
발행인 박상근(至弘) • 편집인 류지호 • 상무이사 김상기 • 편집이사 양동민
책임편집 김재호 • 편집 양민호, 김소영, 최호승, 하다해, 정유리
디자인 쿠담디자인 • 제작 김명환 • 마케팅 김대현, 김선주, 이선호 • 관리 윤정안
콘텐츠국 유권준, 정승채, 김희준
펴낸 곳 불광출판사 (03169) 서울시 종로구 사직로 10길 17길 인왕빌딩 301호
　　　　대표전화 02) 420-3200 편집부 02) 420-3300 팩시밀리 02) 420-3400
　　　　출판등록 제300-2009-130호(1979. 10. 10.)

ISBN 978-89-7479-497-2 (03220)

값 16,000원